Lehr- und Arbeitsbuch

zu den

ZIGEUNERKARTEN

Verschiedene Legetechniken

Einzelkartenbeschreibungen

Sämtliche Kombinationen zu jeder Karte

Erarbeitet von Barbara Bittner

BARBARA BITTNER

Lehr- und Arbeitsbuch zu den Zigeunerkarten

Madame Barbara

Inhaltsverzeichnis

Geschichte der Orakelkarten	8
Meine kleine Biographie	10
Inhalt des Lehr- und Arbeitsbuches	11
Vorwort	12
Wichtiger Hinweis	13
Beginn des Kartenlegens	14
Kurzlegung – Vergangenheit, Gegenwart, Zukunft	15
Das Legesystem mit dem großen Blatt	16
Wie wird das Kartenbild gelesen	17
Die mittleren drei Spalten	18
Weitere Möglichkeiten des Kartenlesens/-springens	19 – 20 - 21
Das große Blatt für eine weiblich Fragende	22
Deutung bezüglich des Berufes der Frau	23 - 24
Wie sieht es für die Fragende liebesmäßig aus	24
Wie wird die Reise bei der Fragenden verlaufen	25
Frage zum Partner	25
Das große Blatt für einen männlich Fragenden	26
Wie sieht es für den Fragenden liebesmäßig aus	27
Frage zur Partnerin	27
Wie sieht es beruflich für den Fragenden aus	28
Wie wird die Reise bei dem Fragenden verlaufen	28
Alle Kartenbeschreibungen allgemein sowie über Liebe, Beruf, Geld und Kombinationen jede Karte mit jeder ab Seite	29
Beständigkeit	29
Besuch	30
Botschaft	31
Brief	32
Dieb	33
Eifersucht	34
Etwas Geld	35
Falschheit	36
Feind	37
Fröhlichkeit	38
Gedanken	39
Geistlicher	40
Geld	41
Geliebte	42
Geliebter	42
Geschenk	43
Glück	44
Haus	45
Heirat	46
Hoffnung	47
Kind	48
Krankheit	49

Liebe	50
Offizier	51
Reise	52
Richter	53
Sehnsucht	54
Tod	55
Traurigkeit	56
Treue	57
Unglück	58
Unverhoffte Freude	59
Verdruss	60
Verlust	61
Witwe	62
Witwer	62
Beschreibung von Personenkarten	63
Karten für Gefühle und Stimmungen	64
Spirituelle Karten	64
Ereigniskarten	64
Karten bezüglich der Arbeit	65
Karten für Geld/Besitz	65
Zeitkarten	65
Impressum	66

Autorin: Barbara Bittner

Lehr- und Arbeitsbuch zu den Zigeunerkarten

Erstellt von:

Barbara Bittner
Battenheimer Weg 29a
12349 Berlin

Email:	bbittner@gmx.net
Telefon:	030-7434124
Gestaltung:	Barbara Bittner

Alle Rechte vorbehalten. Ohne schriftliche Genehmigung von Barbara Bittner darf kein Teil dieses Lehr- und Arbeitsbuches in irgendeiner Form – mechanisch, elektronisch, fotografisch – reproduziert, vervielfältigt, übersetzt oder gespeichert werden.

Sofern eingetragene Warenzeichen, Handelsnamen und Gebrauchsnamen verwendet werden gelten die entsprechenden Schutzbestimmungen, auch wenn diese nicht als solche gekennzeichnet sind.

Die Empfehlungen dieses Lehr- und Arbeitsbuches wurden von der Autorin nach bestem Wissen erarbeitet und überprüft. Dennoch kann eine Garantie nicht übernommen werden. Die Autorin kann für eventuelle Nachteile oder Schäden, die aus den im Buch gegebenen Hinweisen keine Haftung übernehmen.

© 2010 by Barbara Bittner

Lehr- und Arbeitsbuch

zu den Zigeunerkarten

Die Geschichte der Orakelkarten

reicht einige Jahrhunderte zurück, nachweislich bis zu dem berühmten Visconti-Sforza-Tarot, welches in der Mitte des 15. Jahrhunderts entworfen wurde und damit zum Urbild des Tarot wurde.

Die ersten Zigeunerkarten waren handgefertigt, wurden ganz geheim selbst bemalt (teilweise nur mit Worten, Farben oder Zeichen beschriftet) und bis zum Verfall dieser immer weiter vererbt. Die Herkunft ist sehr umstritten.

Es wird vermutet, dass die Zigeunerkarten, wie wir sie heute vorfinden, wahrscheinlich nur Gesellschaftskarten sein sollten, die einen großen Unterhaltungswert aufwiesen. Unter dem Decknamen „Unterhaltungsspiel" konnte man das oft verbotene und verfolgte Wahrsagen verheimlichen.

Der Begriff „Zigeunerkarten" kam erst gegen Ende des 19. Jahrhunderts auf, als man Wahrsagekarten in größeren Stückzahlen herstellen und vertreiben konnte. Die auf den Originalkarten der Firma Piatnik befindlichen Schlagworte in 6 Sprachen weisen darauf hin, dass ihr Ursprung in den Themenkreisen und Symbolen der österreichisch-ungarischen (kaiserlichen/königlichen) Monarchie zu finden ist. Hauptzielgruppe war die gehobene bürgerliche Gesellschaft, besonders die Damenwelt. Ersichtlich daher, weil das Thema „Geld durch Arbeit" bei den Zigeunerkarten keine Erwähnung findet. Seit 1920 waren die Zigeunerkarten in Wien erhältlich. 1960 wurden die Bilder modernisiert.

Durch die Ähnlichkeit der Bilder/Namen und Bedeutungen werden fälschlicherweise die Kipperkarten auch oft mit den Zigeunerkarten verwechselt. Heutzutage sind die Zigeunerkarten immer beliebter zur Zukunftsvorhersage, jedoch ist das Wissen hierüber noch recht gering. Daher gibt es auch noch zu wenig Fachliteratur.

Wer heute etwas über das Kartenlegen erfahren möchte, hat dann schon mehr die Qual der Wahl unter vielen verschiedenen Kartendecks. Beim Tarot können Sie inzwischen aus ca. 400 Kartendecks auswählen, zu den gebräuchlichsten gehört das Raider-Waite und das Crowley-Tarot. Es gibt auch wunderschöne Künstlerstücke wie von Salvatore Dali oder in Anlehung von Mythen das Merlin Tarot.

Die Karten, die heute unter den Begriff Orakelkarten fallen sind in erster Linie Lenormand, Zigeuner, Kipper, Leiding und Skatkarten. Das Gemeinsame an ihnen ist, dass sie alle zu einem großen Bild, der großen Tafel, ausgelegt werden können. Dies bietet den Vorteil, dass man alle Lebensbereiche auf einen Blick ersehen kann und sie die alltäglichen Dinge als Bild zeigen.

Denken Sie immer daran, wenn Sie sich selber die Karten legen oder sich von jemand anderem die Karten legen lassen, Sie alleine sind für Ihr weiteres Handeln verantwortlich. Die Karten geben Ihnen die Hinweise wo es hingehen kann, Sie allein bestimmen, ob Sie dem nachgehen wollen oder nicht.

Meine kleine Biographie:

Mein Name ist Barbara Bittner, geboren wurde ich 1960 in Berlin mit dem Namen Barbara Gabriele Nitzkowski. 1982 heiratete ich Kurt Bittner. 1983 und 1988 brachte ich zwei gesunde Jungen zur Welt.

1978 ließ ich mich zur Arzthelferin ausbilden. Nach kurzzeitiger Praxisarbeit begann ich als Arztsekretärin beim Medizinischen Dienst der Krankenversicherung Berlin-Brandenburg e. V. bis jetzt.

Schon frühzeitig, seit ca. 1977 beschäftigte ich mich oberflächlich mit der Astrologie. 1997 begann ich mit den Wahrsagekarten zu arbeiten. Als Einstieg nahm ich die Crowley-Tarot-Karten.

Als ich mit der Psychologie der Tarot-Karten vertraut war wechselte ich rasch zu den Mlle Lenormand-Karten und arbeitete mit diesen erfolgreich.

Da ich fasziniert von der Trefferquote war, begann ich auch mit weiteren Wahrsagekarten zu arbeiten wie die Skatkarten, Kipperkarten und Zigeunerkarten.

Diese Gabe habe ich möglicherweise (glücklicherweise) familienbedingt vererbt bekommen. Meine Oma mütterlicherseits sowie auch meine Uroma mütterlicherseits waren erfolgreiche Kartenlegerinnen bzw. Heilerinnen u.a..

Zum Inhalt dieses Lehr- und Arbeitsbuches:

Die Zigeunerkarten sind leicht verständlich und sehr gut für Anfänger geeignet. Die Bilder sprechen deutlich, so dass jeder klare Antworten bekommt. Sie eignen sich für Zukunftsvoraussagen.

Ich habe jede einzelne Karte mit ihrer Grundbedeutung, Zeitangabe, Gesundheitsbeschreibungen, über die Finanzen hier beschrieben sowie die Kombinationen jeder einzelnen Karte (36) mit jeder erklärt.

Ich wünsche allen Lesern viel Spaß beim Erlernen dieser spielerisch erklärten Bilder der Zigeunerkarten. Meine Zigeunerkarten hier in diesem Buch sind etwas verspielt verändert worden (Sie finden mein Foto irgendwo versteckt auf den Karten von mir) was zum Original der Piatnik-Karten abweicht.

VORWORT:

Wenn Sie anfangen das Kartenlegen zu erlernen, werden Sie denken, das schaffen Sie nie, keine, Angst, das geht jedem so. Es ist noch kein Meister vom Himmel gefallen. Die Zigeunerkarten lassen sich leicht erlernen. Und wenn Sie sich gleich an einer Freundin oder Nachbarin versuchen, werden Sie merken, dass Sie auf dem richtigen Weg sind.

Ich kann nur empfehlen möglichst nicht für sich selbst die Karten zu legen. Denn hier werden meist die Wünsche gesehen. Das Kartenlegen beginnt sicherlich am Anfang mit dem Auswendiglernen, aber das eigentliche Kartenlegen geht nur über die Intuition. Hier wird jeder seinen Weg finden wie er was deutet. Und jeder ist anders eingestellt. Diese Erfahrungen habe ich gemacht. Wichtig ist, dass am Ende das Ergebnis stimmt und das stimmt, wenn die Intuition angewendet wird.

Hier empfehle ich, dass Sie es ohne Buch probieren und Ihr Gefühl aufschreiben und erst danach im Buch nachlesen, welche Antwort ich für die jeweilige Kombination gebe.
<u>Übrigens</u>: Wer das Interesse zum Erlernen des Kartenlegens hat, hat auch meist die spirituelle Begabung/Intuition in sich.

Nach moderner Hirnforschung spielen sich kreative Denkprozesse in der rechten Gehirnhälfte ab, die mit der linken Hand in Verbindung steht. Karten werden immer mit links gezogen.

Wichtige Hinweise:

Auf keinen Fall empfehle ich das Kartenlegen, wenn Sie sich schlecht fühlen oder gar depressiv sind. Hier würden Sie Vieles negativ sehen und das wäre ein Nachteil für den Kunden. Der Kunde sollte doch nicht traurig nach Hause gehen. Natürlich ist das Voraussehen nicht nur positiv. Aber es ist vielleicht von Vorteil sich erst einmal auf das Positive zu konzentrieren.

Sagen Sie Ihren Kunden, dass das Kartenlegen nur ein Wegbegleiter ist, hier geht es nicht um die Wunscherfüllung. Sie können nur behilflich sein bei der Bewältigung schwieriger Situationen, aber Sie können keine Entscheidungen abnehmen. Viele Kunden wollen hier, dass der Kartenleger ihr Leben in die Hand nimmt. Das geht natürlich nicht. Jeder ist für sich selbst verantwortlich.

Beginn des Kartenlegens:

Sie sollten einen geeigneten Platz zum Kartenlegen haben. Erst wenn Sie völlig entspannt mit beiden Beinen auf dem Boden sitzen ohne die Beine zu kreuzen werden die Karten gemischt, und zwar so lange wie Sie es für richtig halten. Manche Kunden sind unsicher, wann der richtige Moment ist. Hier schlage ich vor, noch 7x die Karten zu mischen und sie dann auszulegen. Damit konnte jeder gut umgehen.

Die Karten werden der Reihe nach von links beginnend nach rechts ausgelegt.

Das sollten Sie auch Ihren Kunden so sagen, wenn Sie die Karten mischen lassen: *„Bitte nicht Arme oder Beine kreuzen".*

Kurzlegung

(Vergangenheit – Gegenwart – Zukunft)

Für Einzelfragen bietet sich eine Kurzlegung besonders an. Vor allem auch, wenn man mit dem Kartenlegen anfängt ist diese Kurzlegung eine gute Intuitionsübung.

BEISPIEL

Wie wird mein morgiger Tag?

Ich mische das Kartenblatt und ziehe mit links drei Karten aus dem gefächerten Stapel vor mir heraus, lege sie der Reihe nach hin von links nach rechts und versuche die Zusammenhänge des Tages herauszufinden.

Oder ich frage zur Liebe

z. B. wie geht es mit XY weiter?
Ich schaue die linke Karte an, das bedeutet, das, was schon hinter mir liegt, also die Vergangenheit,
in der Mitte die momentane Situation, die Gegenwart
und rechts der Ausgang, die Zukunft.

Das Legesystem

(großes Blatt)

Kartenauslegung

4 Reihen mit jeweils 9 Karten der Reihe nach auslegen.

Die Kartenauslegung erfolgt hintereinander, so wie im Anschluss in der Tabelle zu sehen.

Ich habe die einzelnen Schritte mit verschiedenen Farben gekennzeichnet und dementsprechend erklärt.

1	2	3	4	5	6	7	8	9
10	11	12	13	14	15	16	17	18
19	20	21	22	23	24	25	26	27
28	29	30	31	32	33	34	35	36

Wie wird das Kartenbild gelesen

Zuerst die Eckkarten betrachten, das sind die Karten,

1 – 9 – 28 – 36

die in der Tabelle größer, türkis und kursiv dargestellt sind.

Danach wird spaltenweise, wie in der Tabelle grau-weiß markiert von oben nach unten gelesen und gedeutet.

Folgende Kartennummerierungen beinhalten die jeweilige Spalte:

1 – 10 – 19 – 28 (erste Spalte)

2 – 11 – 20 – 29 (zweite Spalte)

3 – 12 – 21 – 30 (dritte Spalte)

7 – 16 – 25 – 34 (siebente Spalte)

8 – 17 – 26 – 35 (achte Spalte)

9 – 18 – 27 – 36 (neunte Spalte)

Die mittleren drei Spalten

werden zusammen angesehen/gedeutet mit den jeweiligen Korrespondenzkarten, wie hier in der Tabelle farblich markiert

die 06 mit der 31 (Farbe gelb)

die 13 mit der 24 (Farbe blau)

die 14 mit der 23 (Farbe grün)

die 04 mit der 33 (Farbe lila)

die 05 mit der 32 (Farbe rot)

die 22 mit der 15 (Farbe braun)

Weitere Möglichkeiten des Kartenlesens:

TABELLE 1

1	2	3	4	5	6	7	8	9
10	11	12	13	14	15	16	17	18
19	20	21	22	23	24	25	26	27
28	29	30	31	32	33	34	35	36

Wir suchen uns ein Thema heraus.

Gehen wir einmal davon aus, dass an der **Kartenposition Nr. 8**

die Karte Liebe liegt, dann können wir zu diesem Thema im Zickzack das Kartenbild wie folgt lesen – siehe im Anschluss rot markierte Zahlen.

Also in der Zahlen-Reihenfolge Kartenbezeichnungen heraussuchen:

16 – 24 – 32 – 22 – 12 – 2 - 10 sowie 18

Es hört sich anfangs etwas komisch an, macht aber mit der Zeit richtig Spaß so spielerisch mit den Karten zu arbeiten.

TABELLE 2

1	2	3	4	5	6	7	8	9
10	11	12	13	14	15	16	17	18
19	20	21	22	23	24	25	26	27
28	29	30	31	32	33	34	35	36

Hier in der zweiten Tabelle habe ich die Karte 4 markiert. Hier gehen wir einmal davon aus, dass an der **Kartenposition 4**

die Karte Beständigkeit liegt, dann lesen wir zu diesem Thema im Zickzack das Kartenbild wie folgt, siehe rot markierte Zahlen.

Also in der Zahlen-Reihenfolge Kartenbezeichnungen heraussuchen:

4 – 14 – 24 – 34 –26 - 18

und andererseits auch zur anderen Seite

4 – 12 – 20 - 28

kombinieren Sie alle Karten zusammen zum Endergebnis des Berufes.

Weiter geht es so:

Man sucht sich ein Thema wie

Reise (Karte Reise)

Liebe (Karte Liebe)

Arbeit (Karte Beständigkeit)

Fragender (Geliebte/Geliebter)

und deutet um diese Karten herum entweder direkt darüber, darunter, davor, daneben, spaltenweise oder wie oben beschrieben im Zickzack.

Wir nehmen also eine Themenkarte und zählen

jede weitere 7. Karte

Alle Karten zu diesem Thema werden gedeutet.

Übungsbild mit anschließenden Erklärungen dazu

Es geht hier um eine weiblich fragende Person

DEUTUNG bezüglich z. B. des Berufes

(Karte Beständigkeit)

Ich möchte etwas über den Beruf wissen, also nehme ich die Karte

Beständigkeit

heraus und zähle jeweils 7 Karten weiter, das bedeutet laut unserem Bild gleich im Anschluss

ab Beständigkeit wird jede 7. Karte gezählt und herausgesucht, laut meinem Vorschlag-Kartenbild folgende Karten:

Verdruss
Richter
etwas Geld
Geliebte
Witwe

Siehe Erklärung an diesen Bildern auf der nächsten Seite

Wie sieht es beruflich für die Fragende aus?

Antwort zum Beruf
Verdruss - Richter - etwas Geld - Geliebte - Witwe

Zusammenfassung:
Hier geht es beruflich mit Schwierigkeiten/Ärger weiter, Steine werden in den Weg gelegt. Die Karten Richter und etwas Geld zeigen den Wunsch nach Gerechtigkeit. Ungerechte Behandlung. Mobbing.

Wie sieht es für die Fragende liebesmäßig aus?

Antwort zur Liebe
Falschheit - Traurigkeit - Brief - Dieb - Glück:

Zusammenfassung:
Hier geht es um falsche Kommunikation, Traurigkeit verschwindet (ab Traurigkeit sind die 3 mittleren Karten zu deuten), Beziehung endet glücklich (Karte Glück).

© 2010 by Barbara Bittner

Wie wird die Reise bei der Fragenden verlaufen?

Antwort zur Reise
Geschenk - unverhoffte Freude - Tod - Geld - Geistlicher:

Zusammenfassung:
Die Reise ist zwar ein Geschenk, wird aber unverhofft teuer, hier Vorsicht vor Geldausgaben, Geld/Geistlicher = Geldsegen. Bedeutet viel Geld, aber in diesem Fall teure Reise.

Frage zum Partner?

Antwort zum Partner
Eifersucht - Liebe - Falschheit - Traurigkeit - Brief

Zusammenfassung:
Hier geht es um Eifersucht, allerdings unbegründete Eifersucht, es gibt Tränen. Traurige Gespräche.

Ein weiteres Übungsbild mit aussortierten Themenkarten

Hier geht es um einen männlich Fragenden:

Wie sieht es für diese Person liebesmäßig aus?

Antwort zur Liebe
Traurigkeit - Dieb - Botschaft - etwas Geld - Besuch:

Zusammenfassung:
Traurigkeit in der Liebe, Traurigkeit vergeht wieder durch eine Nachricht z. B. über eine Einladung in ein Konzert, ein Geschenk, das wenig kostet (etwas Geld), auch Besuch bringt Freude.

Frage zur Partnerin?

Antwort zur Partnerin
Eifersucht - Glück - Witwe - Richter - Haus:

Zusammenfassung:
Partnerin ist eifersüchtig, aber auch temperamentvoll. Sie möchte Stabilität, eine feste Beziehung.

Wie sieht es beruflich aus für den Fragenden?

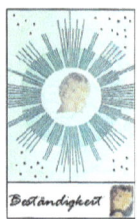     

Antwort zum Beruf
Krankheit - Geistlicher - Feind - Witwer - Liebe:

Zusammenfassung:
Diese Person arbeitet zu viel, krank durch Arbeit, seelisch krank, überlastet. Workoholiker.

Wie wird die bevorstehende Reise?

Antwort zu einer bevorstehenden Reise
Heirat - Verdruss - Kind - Verlust Geliebte:

Zusammenfassung:
Hier geht es um Stress mit dem Partner. Immer wiederkehrender Streit, kommt und geht.

JETZT
die Erklärungen der 36 Karten, einzeln beschrieben zu Liebe, Beruf, Geld sowie jede Karte mit Jeder in ihren Bedeutungen.

Beständigkeit

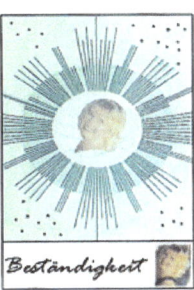

Ausdauer, Geduld, Beruf, Stabilität, fleißig

Liebe
Partnerschaft auf Dauer

Beruf
Berufskarte allgemein, sicherer Arbeitsplatz

Geld
Geld bleibt beständig, Geldanlage wäre gut

In Kombination mit

Besuch	Aufträge kommen, viel Arbeit. Versicherung. Vertreter. Hotel. Lokal
Botschaft	Kontakte bezüglich Arbeit, wichtige Nachrichten. Computer. Telefon
Brief	Schriftstücke bezügl. Arbeit/Prüfung, Verträge, Vorstellungsgespräch
Dieb	Vorsicht, unseriös, auf nichts einlassen, Ausnutzung, falsche Kollegen
Eifersucht	Neider am Arbeitsplatz ignorieren. Mobbing
Etwas Geld	Regelmäßiges Gehalt. Nebenjob. Teilzeitjob. Gehaltserhöhung
Falschheit	Intrigen. Unzufriedenheit beruflich. Falscher Beruf. Geheimdienst
Feind	Rivalen am Arbeitsplatz, Kampf ist angesagt
Fröhlichkeit	Betriebsfeier, schöner Arbeitsplatz, sich dort wohlfühlen. Theater
Gedanken	Gedanken an Arbeit. Weiterbildung. Geistige Arbeit. Wissenschaftler
Geistlicher	Berufung. Der richtige Job. Spirituelle Arbeit. Geistheiler. Priester
Geld	Gehaltserhöhung, Weihnachtsgeld, Zuwendung vom Arbeitgeber, Zusatzeinnahme. Beförderung. Selbständigkeit. Guter Verdienst
Geliebte/Geliebter	Mit Lebenspartner wohlfühlen. Arbeit lieben. Liebe zu einem Kollegen
Geschenk	Arbeit als Geschenk empfinden. Geschenk von Kollegen. Berufung
Glück	Glück im Beruflichen, alles läuft bestens. Berufung. Karriere machen
Haus	Im Haus wohnen bleiben. Heimarbeit, Haushalt. Selbständigkeit
Heirat	Arbeitsvertrag. Geschäftliche Verbindung.
Hoffnung	Positive Wende im Beruflichen. Veränderung. Verantwortung
Kind	Beruflicher Neubeginn. Kind bekommen. Pädagogischer Beruf
Krankheit	Chron. Krankheit, medizin. Beruf, Heiler, Arbeit krank machend
Liebe	Dauerhafte Liebe. Liebe finden. Beruf lieben. Partner am Arbeitsplatz
Offizier	Beruflich in einem Amt tätig (Finanzamt, Polizei etc). Sichere Arbeit
Reise	Reise mit beruflichem Hintergrund. Beruflich viel unterwegs. Reisebüro
Richter	Berufliche Entscheidungen. Juristischer Beruf. Arbeit im Gericht
Sehnsucht	Sehnsucht nach Beständigkeit, nach fester Arbeit, einer Basis im Leben
Tod	Veränderung im Beruf, Rente, Kündigung. Bestatter. Gerichtsmedizin
Traurigkeit	Arbeit so akzeptieren, trotz Unzufriedenheit. Beruflich unwohl fühlen
Treue	Zuverlässiger Mitarbeiter. Bei dieser Tätigkeit bleiben. Liebe Freunde
Unglück	Arbeitsunfall oder sich ständig unwohl/unglücklich fühlen. Unfallgefahr
Unverhoffte Freude	Berufliche Überraschung. Beförderung. Mehr Geld
Verdruss	Ärger im Beruf. Streit mit Kollegen oder Vorgesetztem
Verlust	Verlust des Arbeitsplatzes. Angst vor Kündigung. Arbeitslosigkeit
Witwe/Witwer	Einzelgänger im Beruf. Chef. Heilberuf

Besuch

Treffen, Begegnung, Sexualität, gesellig

Liebe
Besuch allgemein, Herzensmann, Herzensfrau kommt

Beruf
Viel Arbeit, Überstunden, Vorsicht vor Überforderung

Geld
Sparen ist schwierig, Geld kommt und geht

In Kombination mit

Beständigkeit	Arbeit bei Versicherung, Aufträge kommen. Außendienst. Kunden.
Botschaft	Ein Besucht bringt Neuigkeiten, Nachrichten kommen ins Haus
Brief	Schriftliche Einladung, Besuch kommt ins Haus
Dieb	Absage, Besuch findet nicht statt, Einbruch ist auch möglich
Eifersucht	Eifersüchtig auf den Besuch? Oder umgekehrt.
Etwas Geld	Kleine Geldeinnahme. Freude über den Besuch
Falschheit	Ungünstige Zeit Besuche zu empfangen. Unehrlichkeit
Feind	Negative Person kommt zu Besuch, Vorsicht! Schaden droht
Fröhlichkeit	Einladung. Nette Gesellschaft
Gedanken	Gedanken machen, wie ein Treffen sein wird. Gedanken um Einladung
Geistlicher	Besuche aus der Geistigen Welt. Neue Aufgabe. Kirchenbesuch
Geld	Einnahmen und Ausgaben, kein Überschuss an Geld
Geliebte/Geliebter	Partnerbesuch. Den richtigen Partner finden
Geschenk	Besuch bringt ein Geschenk mit
Glück	Positiver Besuch, bringt Freude
Haus	Viele Besucher kommen. Gäste sind willkommen
Heirat	Treffen führt zur Bindung möglicherweise, Hochzeitsfeier
Hoffnung	Treffen bringt neue Hoffnung, eine Einladung erhoffen
Kind	Neubeginn durch Besuch bzw. ein Treffen. Besuch der Kinder
Krankheit	Krankenbesuch
Liebe	Sexualität, Liebesbesuch. Neue Liebe
Offizier	Behördengang. Gerichtsvollzieher
Reise	Gäste, die anreisen aus der Ferne
Richter	Gericht/Zeuge, der eine Entscheidung notwendig macht
Sehnsucht	Sehnsucht nach Kontakt zu Menschen, nach Freunden
Tod	Unangenehmer Besuch, Gefahr! Schlechte Gesellschaft
Traurigkeit	Besuch bringt Kummer
Treue	Besuch von Freunden
Unglück	Besuch mit Kummer und Tränen, Probleme, Schwierigkeiten
Unverhoffte Freude	Unverhoffter liebevoller Besuch
Verdruss	Streit mit dem Besucher. Einladung wird widerrufen
Verlust	Absage oder Besuch bringt Verluste. Diebstahlgefahr
Witwe/Witwer	Ältere Person (m/w) kommt zu Besuch. Beisetzung

Botschaft

Nachricht, Lernen, Erfahrung, Kontakte, Aussprache, Telefonate, Intuition

Liebe
Etwas erfahren

Beruf
Wichtige Nachrichten, Weiterbildung, Fortbildung, dazu lernen, weiter kommen, positiv

Geld
Geld ist unterwegs, Rechnungen, Gehaltsabrechnungen

In Kombination mit

Beständigkeit	Wichtige Gespräche/Nachrichten bezüglich der Arbeit
Besuch	Neuigkeiten durch Besuch. Eingeladen werden
Brief	Antwort auf eine Nachricht. Wichtige Informationen vom Besucher
Dieb	Etwas über Verlust bzw. Diebstahl erfahren. Unwahres Gerede
Eifersucht	Grund zur Eifersucht. Durch eine Nachricht eifersüchtig
Etwas Geld	Nachricht über kleine Geldzuwendung
Falschheit	Falsche Nachrichten
Feind	Etwas über negative Person/Feind erfahren. Falschaussage. Negatives
Fröhlichkeit	Nachricht bringt Freude. Einladung
Gedanken	Telepathie, Gedanken anderer empfangen. Über Nachricht nachdenken
Geistlicher	Nachricht aus der Geistigen Welt. Seminare
Geld	Nachricht über größeres Geld
Geliebte/Geliebter	Nachricht/Anruf vom Partner. Jemand möchte Verbindung
Geschenk	Gratulation, Nachricht ist wie ein Geschenk. Positive Nachrichten
Glück	Glücksbotschaft. Gewinn
Haus	Mietvertrag, Kaufvertrag, Schriftstück für Haus oder Wohnung
Heirat	Liebe wird gestanden. Bindungswunsch. Aufgebot. Hochzeitseinladung
Hoffnung	Nachricht erwarten. Ersehnte Nachricht kommt
Kind	Neubeginn durch eine Nachricht, Nachricht von Kindern (Telefonat)
Krankheit	Befund, Information über die Gesundheit. Arztbericht. Reha. Kur
Liebe	Erfahren, dass jemand Gefühle für einen hat. Liebesbrief
Offizier	Nachricht von Behörde, Amt, Verwaltung bzw. vom Chef
Reise	Fahrschein, Monatskarte etc., Urlaub, Reiseunterlagen
Richter	Dokumente. Juristische Unterlagen. Vorladung. Gerichtstermin
Sehnsucht	Sehnsucht nach Bildung, wissensdurstig
Tod	Nachricht über Veränderung, auch Todesfall
Traurigkeit	Traurige Nachricht, Kummer
Treue	Nachricht von Freunden.
Unglück	Unschöne Nachrichten, von einem Unglück erfahren. Unfallbericht
Unverhoffte Freude	Überraschung. Unerwartete Nachrichten bringen viel Freude
Verdruss	Botschaft bringt Ärger. Probleme
Verlust	Meldung, dass etwas verloren gegangen ist (Arbeit, Liebe, Geld)
Witwe/Witwer	Nachricht von einer älteren Person (m/w). Trauerfall

Brief — Nachricht, Kontakt, Gespräch

Liebe
Gespräch mit dem Partner/in. Liebesbrief

Beruf
Gute Gespräche, Nachrichten. Bewerbung. Beförderung. Arbeitsvertrag. Prüfung

Geld
Gute Nachrichten sind zu erwarten

In Kombination mit

Beständigkeit	Wichtige Schriftstücke in berufl. Zusammenhang Bewerbungsgespräch. Positive Nachricht für Arbeitsstelle. Lernen für Prüfung
Besuch	Einladung, Besuch kommt
Botschaft	Nachrichtenaustausch
Dieb	Brief/Schriftstück geht verloren, besser gut verwahren!
Eifersucht	Eifersucht aufgrund einer Nachricht
Etwas Geld	Überweisung kleinerer Summe, Urlaubsgeld, Weihnachtsgeld
Falschheit	Lüge, Nachricht nicht ernst nehmen
Feind	Nachricht von negativer Person, Schaden droht
Fröhlichkeit	Nachricht bringt Freude. Einladung
Gedanken	Über eine Nachricht nachdenken, z. B. sich bei jemanden melden
Geistlicher	Kontakt zur Geistigen Welt
Geld	Überweisung einer größeren Geldsumme
Geliebte/Geliebter	Partner wünscht sich Nachricht oder umgekehrt. Liebesbrief
Geschenk	Gratulation, Nachricht ist wie ein Geschenk. Buchgeschenk
Glück	Glücksbotschaft. Lottogewinn
Haus	Nachricht vom Vermieter/Immobilienmakler. Hauskauf. Mietvertrag
Heirat	Heiratsantrag, Aufgebot, Einladung zur Eheschließung
Hoffnung	Auf eine Nachricht hoffen
Kind	Neubeginn durch Nachricht, von Kindern hören. Geburtsanzeige
Krankheit	Gespräch mit einem Arzt. Untersuchungsergebnis. Arztbericht
Liebe	Liebesbrief. Positive Nachrichten vom Partner/in
Offizier	Nachricht von Behörde, Amt, Verwaltung oder Chef
Reise	Urlaubskarte, Auslandsnachricht. Reiseeinladung. Reiseunterlagen
Richter	Nachricht enthält Entscheidung vom Anwalt/Gericht
Sehnsucht	Nach einer Nachricht/Information sehnen. Auf Anruf warten.
Tod	Nachricht verändert eine Situation. Todesfall
Traurigkeit	Traurig über eine Nachricht
Treue	Nachricht von Freunden
Unglück	Schlechte Nachrichten, von einem Unglück erfahren. Unfallmeldung
Unverhoffte Freude	Überraschender Brief, Glück bringendes unerwartetes Gespräch
Verdruss	Brief über den man sich ärgern wird
Verlust	Brief geht verloren oder wird nicht abgesendet
Witwe/Witwer	Brief von älterer Person (m/w). Trauerfall

© 2010 by Barbara Bittner

Dieb

Verlust, Diebstahl, Energieverlust, sich Fehler bewusst machen, verschlossen

Liebe
Beziehung bringt nichts Gutes, Loslassen ist wichtig. Betrug in der Partnerschaft.

Beruf
Kraftlos, Kampf ist notwendig, alles versuchen. Arbeitsplatzverlust. Vorsicht Kollegen!

Geld
Vorsicht vor Geldausgaben, Diebstahl oder auch unkorrekte Rechnungen.

In Kombination mit

Beständigkeit	Unehrliche Arbeit, Schwarzarbeit. Vorsicht vor Kollegen. Abmahnung
Besuch	Besuch, Treffen wird abgesagt. Ungewollter Besuch z. B. Vertreter
Botschaft	Etwas über einen Verlust erfahren. Abmachungen nicht eingehalten
Brief	Brief/Schriftstück wird gestohlen, besser gut verwahren!
Eifersucht	Grundlose Eifersucht. Beziehung wird durch andere Person gestört
Etwas Geld	Kleiner Geldverlust
Falschheit	Verlust aufgrund von Unehrlichkeit im Umfeld
Feind	Negative Person will bewusst schaden
Fröhlichkeit	Traurigkeit. Absage einer Einladung
Gedanken	Verlustängste. Diebstahlgefahr
Geistlicher	Blockade. Mit negativer Energie arbeiten. Schwarze Magie
Geld	Großer Geldverlust bzw. Verlust wertvoller Gegenstände
Geliebte/Geliebter	Partner/in leidet unter Energieverlust, nimmt Freiraum, raubt Energie
Geschenk	Geschenk geht verloren, um Erbschaft betrogen werden
Glück	Verlust mit positivem Effekt. Kein richtiges Glück haben
Haus	Das Zuhause verlieren. Einbruch. Diebstahlgefahr
Heirat	Diese Partnerschaft bedeutet Verluste. Es gibt keine Hochzeit
Hoffnung	Angst etwas zu verlieren, Hoffnung es zu behalten
Kind	Neubeginn kostet viel Kraft, Aufopferung. Kindesentführung
Krankheit	Lebensumstand macht krank, Änderung wichtig!
Liebe	Gefühle kosten Kraft. Liebe ist gefährdet. Jemand will meinen Liebsten
Offizier	Negatives von einer Behörde bzw. dem Chef
Reise	Vorsicht bei der Reise, auf Wertsachen achten
Richter	Dieb wird bestraft, Entscheidung kostet jedoch Energie. Gerechtigkeit
Sehnsucht	Sehnsucht aufgrund eines Verlustes
Tod	Depression, lebensmüde, schwere Krise mit Energieverlust. Raubmord
Traurigkeit	Kummer durch einen Verlust, durch eine Person
Treue	Traurigkeit. Freundschaft geht verloren
Unglück	Diebstahl. Verlust von Besitz bzw. Geld durch eine Katastrophe
Unverhoffte Freude	Verlust, Verlorenes kommt wieder zurück
Verdruss	Ärger und Schwierigkeiten wegen eines Verlustes
Verlust	Endgültiger Verlust. Es geht etwas verloren, ist nicht zu verhindern
Witwe/Witwer	Einsame Person, die einen Verlust verarbeiten muss

Eifersucht

Eifersucht, Neid, Hass, Unsicherheit, Mobbing, temperamentvoll

Liebe
Eiersucht schadet der Beziehung.

Beruf
Berufliche Neider, Mobbing ist möglich, notfalls Arbeitsplatzwechsel.

Geld
Neider, finanzielle Situationen prüfen.

In Kombination mit

Beständigkeit	Neider am Arbeitsplatz, einfach ignorieren. Mobbing
Besuch	Eifersüchtig auf den Besuch sein oder umgekehrt. Beziehung durch Treffen mit dritter Person gestört
Botschaft	Eifersucht ist gerechtfertigt
Brief	Eifersucht aufgrund einer Nachricht. Aufklärungsbedarf
Dieb	Eifersucht aus Angst den Partner zu verlieren
Etwas Geld	Neider auch wegen kleinerer Geldsummen
Falschheit	Neider allgemein. Unehrlichkeiten
Feind	Negative Person, die sehr schaden könnte. Gefahr
Fröhlichkeit	Eifersucht in der Öffentlichkeit. Scheinheiligkeit
Gedanken	Eifersüchtige Gedanken machen krank
Geistlicher	Negative Menschen, die zur Förderung der Seele wichtig sind
Geld	Neider wegen finanzieller Sicherheit/Besitz
Geliebte/Geliebter	Partner ist eifersüchtig oder umgekehrt
Geschenk	Ein Geschenk verursacht Neid
Glück	Verlust, der einen positiven Effekt hat. Eifersucht auf das Glück anderer
Haus	Schwierige Nachbarschaft. Jemand neidet Eigentum
Heirat	Partnerschaft ist durch Eifersucht gefährdet. Unehrlicher Vertrag
Hoffnung	Hoffnung und Eifersucht bestimmen derzeit das Leben
Kind	Vorsicht, Neubeginn durch Eifersucht zerstört. Kind fühlt sich abgeschoben
Krankheit	Krankhafte Eifersucht
Liebe	Eifersüchtige Gefühle
Offizier	Neid und Eifersucht auf den Chef bzw. Vorgesetzten. Misstrauen
Reise	Schlechte Gesellschaft. Reise wenn möglich verschieben
Richter	Entscheidung/Prozess verläuft auf einer unehrlichen Ebene. Misstrauen
Sehnsucht	Sehnsucht verursacht eifersüchtige Gedanken. Misstrauen
Tod	Durch Eifersucht ungewollte Veränderung. Beendigung
Traurigkeit	Eifersucht löst Kummer aus
Treue	Eifersüchtige Freunde oder umgekehrt
Unglück	Eifersucht, die ausartet, dramatische Situation kündigt sich an
Unverhoffte Freude	Unbegründete Eifersucht, Freude kommt wieder
Verdruss	Ärger und Schwierigkeiten wegen eifersüchtigem Verhalten
Verlust	Keine Eifersucht mehr
Witwe/Witwer	Einsame Person (m/w), die neidisch ist

Etwas Geld

kleinere Geldsumme, Geldmangel, Prämie

Liebe
Es geht langsam voran

Beruf
Keine Gehaltserhöhung, auf die Arbeit konzentrieren

Geld
Finanzielle Stabilität, jedoch noch kein Luxusleben

In Kombination mit

Beständigkeit	Gehalt erhalten
Besuch	Kleine Geldeinnahme
Botschaft	Nachricht über kleines Geld
Brief	Überweisung
Dieb	Kleiner Geldverlust. Betrug
Eifersucht	Neider auch wegen kleinerer Geldsummen
Falschheit	Vorsicht Betrug. Falschgeld
Feind	Jemand will finanziell schaden
Fröhlichkeit	Freude über kleines Geld. Freude gönnen
Gedanken	Gedanken übers Geld
Geistlicher	Kirchensteuer, Spende. Erbschaft
Geld	Finanzieller Reichtum
Geliebte/Geliebter	Partner/in hat beständiges Einkommen
Geschenk	Trinkgeld, kleine Geldsumme als Geschenk
Glück	Glück im Spiel. Kleingewinn
Haus	Günstige Wohnung/Miete
Heirat	Partnerschaft mit stabiler finanzieller Basis. Vertrag bringt Wohlstand
Hoffnung	Hoffnung auf beständige Geldeinnahmen. Geld in Aussicht
Kind	Kindergeld oder neue Einnahmequelle
Krankheit	Kleinere finanzielle Sorgen. Finanzielle Situation ändern
Liebe	Liebe zum Geld
Offizier	Geld von einem Amt oder einer Behörde
Reise	Reisekasse. Veränderung in finanziellen Dingen
Richter	Prozess, in dem es um Geld geht. Zuspruch
Sehnsucht	Wunsch nach stabilen Verhältnissen
Tod	Geld durch Todesfall
Traurigkeit	Sorgen wegen finanziellem Engpass
Treue	Beständige Einnahmen
Unglück	Finanzielle Not, Armut
Unverhoffte Freude	Unerwartetes Geld. Gewinn
Verdruss	Geldsorgen
Verlust	Finanzieller Verlust
Witwe/Witwer	Einsame Person (m/w), die finanziell abgesichert ist. Rente

Falschheit

Fehler, Unzufriedenheit, Unstimmigkeit, Mobbing, Betrug, Lügen, Schlauheit

Liebe
Unehrlichkeit, Partner ist nicht der Richtige, Klartext reden oder an Trennung denken

Beruf
Falscher Beruf, Menschen sind einem nicht wohlgesonnen, Berufswechsel wäre gut

Geld
Falscher Umgang mit Geld, auch Geiz, Rechnungen korrekt bezahlen

In Kombination mit

Beständigkeit	Intrigen am Arbeitsplatz
Besuch	Ungünstiger Zeitpunkt Besuch zu empfangen
Botschaft	Unkorrekte Nachricht. Klatsch. Üble Nachrede
Brief	Lüge, eine Nachricht nicht ernst nehmen
Dieb	Verlust von Falschheit/Betrug im Umfeld
Eifersucht	Neider
Etwas Geld	Vorsicht Betrug!
Feind	Lügen und Intrigen, negative Person nicht unterschätzen
Fröhlichkeit	Scheinheiligkeit
Gedanken	Gedanken, die krank/verrückt machen
Geistlicher	Neider, negative Menschen, besser sich selbst vertrauen
Geld	Betrug in Gelddingen, Rechnungen nachprüfen
Geliebte/Geliebter	Unehrlichkeit bzw. etwas verschweigen. Falscher Partner
Geschenk	Bestechung, Geschenk mit Hintergedanken
Glück	Eine Lüge wird aufgedeckt. Versprechungen nicht ernst nehmen
Haus	Etwas im Haus ist nicht in Ordnung
Heirat	Partnerschaft bedeutet Unglück. Unglückliche Ehe
Hoffnung	Falsche Hoffnungen
Kind	Neubeginn falsch, Loslassen. Schwieriges Kind, nicht alles glauben
Krankheit	Krankheitseinbildung, psych. bedingtes Leiden durch Unzufriedenheit
Liebe	Unehrliche Gefühle. Ausnutzung
Offizier	Vorsicht ein Betrüger, der nicht gleich erkannt wird
Reise	Besser nicht verreisen. Reisebüro wechseln
Richter	Unehrlichkeit in einem Rechtsstreit. Justizirrtum
Sehnsucht	Sehnsucht, die nicht erfüllt werden kann
Tod	Suizidgefahr
Traurigkeit	Traurigkeit ist unbegründet, Depression aus falschen Gründen
Treue	Falsche Freundschaft
Unglück	Unglückliche Situation durch Lügen und Intrigen
Unverhoffte Freude	Intrigen werden aufgedeckt
Verdruss	Ärger und Schwierigkeiten mit negativen unehrlichen Menschen
Verlust	Es ist falsch etwas zu beenden oder loszulassen. Falschmeldung
Witwe/Witwer	Einsame Person (m/w), die negative Auswirkungen auf andere hat

© 2010 by Barbara Bittner

Feind

Vorsicht. Feindschaft, falscher Umgang, Rivale, Hindernis, Blockade, Herausforderung, impulsiv

Liebe
Loslassen, dann Neuanfang, getrennte Wege, kein guter Zeitpunkt für gemeinsame Zukunft

Beruf
Neg. Menschen im beruflichen Umfeld, Vorsicht mit dem, was man sagt, jemand will schaden

Geld
Vorsicht vor Betrug, falsche Rechnungen/Forderungen

In Kombination mit

Beständigkeit	Rivalität am Arbeitsplatz, Kampf ist angesagt. Feinde beruflich
Besuch	Eine negative Person kommt zu Besuch, Vorsicht!
Botschaft	Etwas über eine Person erfahren, die man nicht mag. Nachricht ist Falle
Brief	Nachricht von einer Person, die man nicht mag
Dieb	Eine negative Person will wissentlich Schaden zufügen. Raub
Eifersucht	Eine negative Person ist in der Lage zu schaden aus Eifersucht
Etwas Geld	Jemand möchte finanziell schaden
Falschheit	Negative Person nicht unterschätzen, Lügen und Intrigen
Fröhlichkeit	Scheinheiligkeit
Gedanken	Negative Gedanken sollten in pos. gewandelt werden. Falsches Denken
Geistlicher	Neg. Menschen bieten Hilfe aus Eigennutz an. Schwarze Magie. Gefahr
Geld	Falsche Person ist unehrlich, dadurch finanzieller Verlust möglich
Geliebte/Geliebter	Partnerschaft hat keine gute Zukunft. Bindung bringt nichts Gutes. Probleme
Geschenk	Negative Person wechselt die Seite, Ehrlichkeit entsteht
Glück	Eine negative Person kann nicht schaden
Haus	Schwierige familiäre Situation
Heirat	Unehrlichkeit in der eigenen Familie. Jemand möchte die Liebe zerstören
Hoffnung	Feinde versuchen zu schaden
Kind	Feindschaft unter Kindern. Kind wendet sich ab
Krankheit	Erkrankung durch negative Einflüsse. Gefährliche Krankheit
Liebe	Aus Liebe entsteht Hass. Person möchte Liebe zerstören
Offizier	Negative männliche Person, nicht vertrauen!
Reise	Negative Veränderung kündigt sich an
Richter	Entscheidung fällt zum Ungunsten aus. Fehlurteil
Sehnsucht	Gefährliche Sehnsucht
Tod	Feindschaft für immer bis zum Tod
Traurigkeit	Feindschaft bedrückt
Treue	Schlechte Freundschaft
Unglück	Unglückliche Situation durch negative Menschen. Krieg
Unverhoffte Freude	Negative Menschen werden sich fernhalten
Verdruss	Schwierige mit Menschen, die einem das Leben schwer machen
Verlust	Negative Menschen bereiten Verluste
Witwe/Witwer	Person (m/w) ist negativ

Fröhlichkeit

Feier, Freude, Gemeinsamkeit, gute Zeit, extrovertiert, freundlich

Liebe
Verliebt, harmonische Partnerschaft. Oder für Singles: Man wird sich verlieben.

Beruf
Arbeit macht Freude, gute Ergebnisse.

Geld
Man kann sich was leisten, stabile Finanzen, genug Geld für Vergnügungen

In Kombination mit

Beständigkeit	Betriebsfeier. Gute Stimmung hält an
Besuch	Einladung. Fest mit Freunden
Botschaft	Gute Nachrichten
Brief	Nachricht bringt Freude
Dieb	Traurigkeit
Eifersucht	Eifersucht in der Öffentlichkeit unbegründet
Etwas Geld	Freude über kleines Geld
Falschheit	Scheinheiligkeit
Feind	Hinterhältige Person führt nichts Gutes im Schilde
Gedanken	Positives Denken, Gedanken machen glücklich
Geistlicher	Vertrauen in der Geistigen Welt. Kirchliches Fest
Geld	Freude über finanzielle Situation. Reichtum
Geliebte/Geliebter	Harmoniebedürftiger Mensch. Harmonische Verbindung
Geschenk	Freude über ein Geschenk
Glück	Positiver Ausgang
Haus	Einweihungsfeier, Feier im eigenen Wohnbereich
Heirat	Hochzeitsfeier, glückliche Beziehung/Ehe
Hoffnung	Bald kommen bessere Zeiten
Kind	Freude über ein Kind, Neubeginn bringt große Freude
Krankheit	Krankheit nach einer Feier (Kater), erfreulicher Untersuchungsbefund
Liebe	Verliebtheit. Sich verlieben
Offizier	Ein Mann, der mehr Freude ins Leben bringen wird
Reise	Schöne Reise, positive Veränderung. Ausflug
Richter	Rechtsstreit mit positivem Ausgang
Sehnsucht	Sehnsucht nach einem besseren Leben
Tod	Positive Lebensveränderung
Traurigkeit	Stimmungsschwankungen
Treue	Sehnsucht nach Freunden. Guter Charakter. Frohnatur
Unglück	Noch einmal mit einem blauen Auge davon kommen
Unverhoffte Freude	Chance, Gewinn, Glücksfall
Verdruss	Ärger, Schwierigkeiten auf einer Veranstaltung
Verlust	Stimmung getrübt, bedrückt sein
Witwe/Witwer	Einsame harmonische Person (m/w)

Gedanken

Nachdenken, Selbstbesinnung, Lernen, verschlossen, junger Mann, introvertiert, Psyche

Liebe
Nachdenken über die Partnerschaft

Beruf
Arbeit bereitet Kopfzerbrechen

Geld
Zu viele Geldgedanken

In Kombination mit

Beständigkeit	Viele Gedanken bezüglich der Arbeit
Besuch	Gedanken machen wie ein Treffen sein wird
Botschaft	Telepathie, Gedanken anderer empfangen
Brief	Über eine Nachricht nachdenken, z. B. sich bei jemanden melden
Dieb	Verlustängste
Eifersucht	Eifersüchtige Gedanken machen krank
Etwas Geld	Gedanken übers Geld. Wunsch nach mehr Geld
Falschheit	Falsche Gedanken, die krank machen. Angst
Feind	Negative Gedanken sollten in positive gewandelt werden
Fröhlichkeit	Positives Denken. Gedanken machen glücklich
Geistlicher	Meditation, Gebet, Hellfühligkeit
Geld	Gedanken, wie man sein Geld legal vermehren kann
Geliebte/Geliebter	Über die Beziehung nachdenken
Geschenk	Gedanken machen über ein Geschenk. Gute Eingebung
Glück	Glücklich ohne Sorgen. Positive Gedanken. Geistige Erkenntnis
Haus	Gedanken um den Wohnbereich z. B. ein eigenes Haus zu besitzen
Heirat	Gedanken um die Beziehung/Ehe. Hochzeitsträume
Hoffnung	In einer Angelegenheit sehr große Hoffnungen haben
Kind	Gedanken um einen Neubeginn. Kinderwunsch
Krankheit	Depression. Zu viele Gedanken über Krankheiten. Psych. Erkrankung
Liebe	Liebevolle Gedanken
Offizier	Gedanken an einen Mann (Liebhaber), jedoch nicht den Herzensmann
Reise	Reiseplanung mit positiver Veränderung
Richter	Gedanken bezüglich einer Entscheidung oder Gerichtsverhandlung
Sehnsucht	Nach Erfüllung streben. Schwärmerei
Tod	Todesangst. Trennung
Traurigkeit	Kummer. Sorgen. Trübsal
Treue	Über Freunde nachdenken, Treue allgemein
Unglück	Traurige Erkenntnis, Einsicht
Unverhoffte Freude	Unverhoffte positive Erkenntnis
Verdruss	Verzweiflung, sich ärgern
Verlust	Den Überblick verlieren
Witwe/Witwer	Einsame nachdenkliche Person (m/w)

Geistlicher

Geistige Welt, Medialität, Gott, Karma, über den Dingen stehen, der richtige Weg

Liebe
Nehmen und Geben in der Partnerschaft ist wichtig, nicht nur Geben.

Beruf
Der richtige Beruf, die berufliche Erfüllung, Berufung u. a. auch mediale Lebensberatung

Geld
Statt unnötig Geld auszugeben lieber spenden für einen guten Zweck.

In Kombination mit

Beständigkeit	Die richtige Arbeit ausüben. Berufung. Priester
Besuch	Besuche aus der Geistigen Welt
Botschaft	Nachricht aus der Geistigen Welt
Brief	Kontakt zur Geistigen Welt. Telepathie
Dieb	Blockierung des weiteren Lebensweges. Schwarze Magie
Eifersucht	Neg. Menschen beeinflussen aus Berechnung, (Förderung der Seele)
Etwas Geld	Kirchensteuer, Spende
Falschheit	Neider, negative Menschen, nur sich selber vertrauen!
Feind	Negative Menschen bieten Hilfe aus Eigennutz an. Schwarze Magie
Fröhlichkeit	Vertrauen in Geistiger Welt gefunden. Spirituell gereifte Persönlichkeit
Gedanken	Meditation, Gebet
Geld	Kirchensteuer, Spende
Geliebte/Geliebter	Suche nach innerlicher Erfüllung im Leben. Person wird oft ausgenutzt
Geschenk	Geschenk aus der Geistigen Welt. Gnade
Glück	Positiver Ausgang. Erleuchtung
Haus	Kirche, esoterisches Gebäude
Heirat	Karmische Beziehung. Ideale Ehe
Hoffnung	Hoffnung auf Hilfe aus der Geistigen Welt
Kind	Offene Einstellung zum Leben, Einweihung in die Geistige Welt. Ungereifte mediale Gabe
Krankheit	Spirituelles Wachstum durch Leid
Liebe	Karmische Liebe
Offizier	Priester, ein Mann der Kirche, Lehrer, Begleiter
Reise	Astralreisen
Richter	Göttliche Gerechtigkeit
Sehnsucht	Sehnsucht nach Erklärungen aus Geistiger Welt und Weiterkommen
Tod	Karmisch vorbestimmte Lebensveränderung. Todesfall
Traurigkeit	Trauerphase, die für die Seele besonders wichtig ist
Treue	Lebensberatung, Hilfe durch mediale Experten
Unglück	Vorbestimmtes Unglück, Heiliger Krieg. Todesfall
Unverhoffte Freude	Plötzlicher medialer Fortschritt, karmisch bedingt
Verdruss	Karmische Fehler abarbeiten aus vorherigen Leben
Verlust	Verlust medialer Gabe, keine Hilfe aus der Geistigen Welt
Witwe/Witwer	Ältere Person (m/w) harmonisch, gläubig

Geld  **Größere Geldsumme, Ehrgeiz, materiell**

<mark>Liebe</mark>
Beziehung mit einem wohlhabenden Partner, Partner unterstützt finanziell oder moralisch bei Vorhaben

<mark>Beruf</mark>
Gutes Geld verdienen

<mark>Geld</mark>
Geld vermehrt sich ohne etwas dazu zu tun

In Kombination mit

Beständigkeit	Gehaltserhöhung, Weihnachtsgeld, Zuwendung durch den Arbeitgeber. Durch Arbeit erworbener Reichtum. Finanziell bleibt es wie es ist
Besuch	Geldeinnahmen und Geldausgaben gleichermaßen
Botschaft	Nachricht über größeres Geld
Brief	Überweisung einer größeren Summe
Dieb	Großer Geldverlust. Jemand beabsichtigt zu betrügen
Eifersucht	Neider wegen finanzieller Sicherheit
Etwas Geld	Finanzieller Reichtum
Falschheit	Betrug! Rechnungen prüfen
Feind	Finanzieller Verlust durch negative Person wegen Unehrlichkeit
Fröhlichkeit	Freude über finanzielle Situation/Reichtum
Gedanken	Gedanken wie man sein Geld legal vermehren kann
Geistlicher	Kirchensteuer. Spende. Erbschaft
Geliebte/Geliebter	Beide Partner haben finanziell gesicherte Basis. Reicher Partner
Geschenk	Erbschaft, Schenkung. Großer Gewinn
Glück	Mit Glück zu Geld kommen z. B. Gewinn (Reichtum)
Haus	Bank, Eigenheim. Geld kommt ins Haus
Heirat	Vertrag bringt gutes Geld. Reichtum durch Partner, abgesichert
Hoffnung	Mehr Geld in Aussicht
Kind	Kinderreichtum. Neues Projekt bringt finanziellen Aufschwung
Krankheit	Große finanzielle Sorgen und Schwierigkeiten
Liebe	Luxusleben
Offizier	Geld von einer Behörde. Auch Geldabgabe an eine Behörde
Reise	Luxusreise. Veränderung in finanziellen Dingen
Richter	Finanzamt. Geld durch einen Prozess
Sehnsucht	Sich mehr Geld wünschen
Tod	Beerdigungskosten. Sterbe-/Erbschaftsgeld. Kosten für die Trauerfeier
Traurigkeit	Geld ist vorhanden, macht aber nicht glücklich. Unzufriedenheit
Treue	Geld bleibt beständig.
Unglück	Geld nach einem Unglück (Versicherungszahlung)
Unverhoffte Freude	Unerwartet Geldzuwendung. Geldgewinn
Verdruss	Ärger in finanziellen Angelegenheiten
Verlust	Großer Geldverlust
Witwe/Witwer	Reiche Person (m/w). Reich nach Tod des Partners

Geliebter/Geliebte
Personenkarten

Hauptpersonenkarten

In Kombination mit

Beständigkeit	Mit dieser Person das Leben teilen
Besuch	Besuch bekommen. Verabredung mit dem Partner
Botschaft	Etwas über den Menschen erfahren, den man liebt
Brief	Partner erwartet Nachricht. Nachricht schicken
Dieb	Partner leidet unter Energieverlust oder umgekehrt
Eifersucht	Partner leidet unter Energieverlust. Partner raubt mir Energie oder umgekehrt
Etwas Geld	Beständiges Einkommen mit dem Partner. Ehe ohne Geldsorgen
Falschheit	Unehrlichkeit in der Partnerschaft bzw. etwas verschweigen
Feind	Beziehung hat keine Zukunft. Bindung bringt nichts Gutes
Fröhlichkeit	Partner harmonischer Mensch. Harmonisches Paar
Gedanken	Über die Beziehung nachdenken
Geistlicher	Nach innerlicher Erfüllung im Leben suchen
Geld	Finanziell gesicherte Basis in der Partnerschaft. Reicher Partner
Geschenk	Geschenk vom Partner, Aufmerksamkeit
Glück	Glücksphase
Haus	Partner bzw. Partnerin häuslicher Typ. Gemeinsame Wohnung
Heirat	Gebunden. Hochzeit
Hoffnung	Sich auf den Partner verlassen
Kind	Jüngerer Partner. Kinderwunsch. Kinder haben
Krankheit	Partner ist krank
Liebe	Partner lieben oder umgekehrt
Offizier	Geliebter/beim Mann ein guter Freund. Partner arbeitet bei Behörde
Reise	Partner oder man selbst verreist
Richter	Partner trifft Entscheidung
Sehnsucht	Sehnsucht nach dem Partner oder umgekehrt
Tod	Partner oder man selbst steht vor einer Lebensveränderung
Traurigkeit	Partner oder man selbst ist unglücklich
Treue	Treue Partnerschaft
Unglück	Partner oder man selbst hat Pech im Leben
Unverhoffte Freude	Überraschung vom Partner oder umgekehrt
Verdruss	Ärger mit dem Partner
Verlust	Verlust des Partners. Trennung
Witwe/Witwer	Sich einsam fühlen. Alleinerziehendes Elternteil. Partner ist verwitwet

Geschenk

Geschenk, positive Überraschung, positive Wendung, Angebot, Zuwachs, glücklich

Liebe
Partnerschaft ist wie ein Geschenk zu sehen

Beruf
Keine Schwierigkeiten, alles geht leicht von der Hand, bei Arbeitssuche wird sich das Richtige finden

Geld   Luxus

In Kombination mit

Beständigkeit	Arbeit lieben als wäre es ein Geschenk. Ausdauer angeboren
Besuch	Lieber Besuch. Gastgeschenk
Botschaft	Gratulation. Eine Nachricht ist wie ein Geschenk
Brief	Gratulation. Eine Nachricht ist wie ein Geschenk. Buchgeschenk
Dieb	Ein Geschenk geht verloren. Betrug um Erbschaft
Eifersucht	Unbegründete Eifersucht
Etwas Geld	Kleinerer Geldbetrag als Geschenk, Trinkgeld
Falschheit	Ein Geschenk mit Hintergedanken, etwas bezwecken damit
Feind	Negative Person wechselt die Seite, Feind hilft ohne es zu wollen
Fröhlichkeit	Freude über ein Geschenk
Gedanken	Sich Gedanken machen über ein Geschenk. Gute Eingebung
Geistlicher	Geschenk aus der Geistigen Welt. Gnade
Geld	Erbschaft. Schenkung. Großer Gewinn
Geliebte/Geliebter	Geschenk, Aufmerksamkeit vom Partner. Der richtige Partner
Glück	Holdes Glück. Glück fliegt einem zu
Haus	Ein Haus erben. Ein Geschenk für das Zuhause. Das richtige Zuhause
Heirat	Hochzeitsgeschenk. Beziehung ist wie ein Geschenk
Hoffnung	Etwas schenkt mir neue Hoffnung
Kind	Neubeginn/Kinder sind wie ein Geschenk des Himmels
Krankheit	Krankheit ist notwendig für die Entwicklung (geistiger Fortschritt)
Liebe	Liebe kommt wie ein Geschenk
Offizier	Geschenk von einem Verehrer
Reise	Schöne erholsame Reise. Kostengünstige oder kostenlose Reise
Richter	Prozess mit positivem Verlauf
Sehnsucht	Lebenswunsch. Einen großen Wunsch haben
Tod	Plötzlich positive Lebensveränderung
Traurigkeit	Trauergesteck, Beileidskarte, Geldspende. Leichte Depression
Treue	Geschenk von Freunden. Gute Freunde
Unglück	Geschenk was nicht gefällt
Unverhoffte Freude	Überraschendes Geschenk, was Freude bringt
Verdruss	Ärger wegen eines Geschenkes
Verlust	Geschenkverlust. Geschenk weiter verschenken. Verlust = Gewinn
Witwe/Witwer	Geschenk von einer älteren Person (m/w)

Glück

Glück, Chance, Lebensglück, Lottogewinn, erfolgreich, zuverlässig

Liebe
Glückliche Zeiten in der Liebe. Lebensglück, Freude, Harmonie.

Beruf
Berufliches Glück und Gelingen

Geld
Glücksfall, Vermehrung des Einkommens

In Kombination mit

Beständigkeit	Glück im beruflichen Bereich. Alles ist bestens
Besuch	Sehr schöner Besuch, der viel Freude bringt
Botschaft	Glücksbotschaft
Brief	Nachricht macht glücklich
Dieb	Verlust mit positivem Effekt
Eifersucht	Etwas entpuppt sich als Lüge, nichts ist wie es scheint
Etwas Geld	Glück im Spiel. Gewinn
Falschheit	Falsche Versprechungen
Feind	Negative Person kann nicht schaden
Fröhlichkeit	Positiver Ausgang
Gedanken	Glücklich ohne Sorgen. Positive Gedanken. Geistige Erkenntnis
Geistlicher	Positiver Ausgang. Erleuchtung
Geld	Mit Glück Geldgewinn. Reichtum durch einen Gewinn
Geliebte/Geliebter	Partner hat eine Glücksphase oder umgekehrt. Glück mit Partner
Geschenk	Glück fliegt einem zu
Haus	Glücklich zu Hause
Heirat	Glückliche Beziehung/Ehe. Glückliche Familie
Hoffnung	Alles wird gut. Geduld haben
Kind	Glückliche Kinder. Guter Neuanfang. Kinder bereiten Freude
Krankheit	Gute Gesundheit
Liebe	Glückliche Beziehung/Ehe
Offizier	Anwaltsangelegenheit mit gutem Ausgang
Reise	Glückliche Reisen. Gute Veränderung
Richter	Positive Entscheidung. Prozess gewinnen
Sehnsucht	Sich nach mehr Glück im Leben sehnen
Tod	Glücksphase ist beendet
Traurigkeit	Einsames Glück. Nicht fähig sein, sich zu freuen
Treue	Freunde machen glücklich. Das Glück bleibt mir treu
Unglück	Glück im Unglück
Unverhoffte Freude	Plötzlicher Glücksfall
Verdruss	Ärgerliche Angelegenheit mit gutem Ausgang
Verlust	Positiver Abschluss
Witwe/Witwer	Glückliche einsame Person (m/w)

Haus

Haus, Besitz, Basis, Stabilität, Grundstück, Freundschaft

Liebe
Vertrauen und Sicherheit in der Beziehung, ruhige, kraftvolle Beziehung.

Beruf
Zuverlässiger Arbeitsplatz, keine Veränderungen, für Arbeitslose weitere Arbeitslosigkeit

Geld
Keine Veränderungen

In Kombination mit

Beständigkeit	Heimarbeit. Haushalt. Bau. Immobilie
Besuch	Mehrere Gäste kommen
Botschaft	Mietvertrag, Kaufvertrag, Schriftstück
Brief	Nachricht vom Vermieter oder Makler. Hauskauf
Dieb	Das Heim (Wohnung, Haus) verlieren. Einbruch
Eifersucht	Schwierige Nachbarschaft durch Besitzneid
Etwas Geld	Günstige Wohnung/Miete
Falschheit	Etwas im eigenen Haus ist nicht in Ordnung
Feind	Schwierige familiäre Situation
Fröhlichkeit	Einweihungsfeier, Feier im eigenen Wohnbereich. Schönes Zuhause
Gedanken	Gedanken um den Wohnbereich. Wunsch nach eigenem Haus
Geistlicher	Kirche, esoterischer Raum. Spirituelles Zentrum
Geld	Bank, Eigenheim
Geliebte/Geliebter	Partner ist ein häuslicher Typ oder umgekehrt. Gemeinsame Wohnung
Geschenk	Ein Haus erben. Ein Geschenk für das Zuhause
Glück	Glücklich Zuhause. Haus macht zufrieden
Heirat	Bindung, in der man gemeinsam wohnt
Hoffnung	Bald eine Wohnung bekommen. Umzug. Renovierung
Kind	Haushalt mit Kindern. Ein neues Haus. Kindgerechtes Haus
Krankheit	Krankenhaus. Schlechte häusliche Wohnsituation
Liebe	Ein Wohnbereich wurde besonders liebevoll gestaltet, sehr harmonisch
Offizier	Wohnungsamt. Sozialwohnung, Gericht, Polizei
Reise	Räumliche Veränderung (Umzug, Renovierung). Ferienhaus
Richter	Entscheidungen bezüglich des eigenen Wohnraumes
Sehnsucht	Sehnsucht nach Rückzug ins eigene Heim. Heimweh
Tod	Todesfall im Umfeld
Traurigkeit	Rückzug mit Trauer und Tränen. Unglückliches Zuhause
Treue	Freunde kommen zu Besuch. Bodenständig
Unglück	Durch Zerstörung/Katastrophe unglückliche Wohnumfeldsituation
Unverhoffte Freude	Überraschung über Bekannte/Freunde etc.
Verdruss	Ärger, Streit zu Hause
Verlust	Verlust der Wohnung. Kündigung?
Witwe/Witwer	Einsame ältere Person aus dem Familienkreis. Haus geerbt

Heirat

Beziehung, Ehe, Vertrag, Gemeinschaft, Freundschaft

Liebe
Partner ist der Richtige. Ehe? Gemeinsamer Haushalt? Ein Mensch eignet sich fürs Leben.

Beruf
Vereinbarung, Vertrag, Sicherheit. Neuer Arbeitsvertrag, aussichtsreiche Zukunft.

Geld
Durch eine Beziehung finanzielle Sicherheit, gemeinsam etwas erreichen.

In Kombination mit

Beständigkeit	Arbeitsvertrag. Vertrag im Beruflichen. Neue Geschäftsverbindung
Besuch	Besuch/Treffen führt näher zusammen. Bindung möglich
Botschaft	Jemand gesteht seine Liebe. Wunsch nach Bindung. Aufgebot
Brief	Heiratsantrag. Aufgebot. Einladung zu einer Hochzeit
Dieb	Partnerschaft bedeutet Verlust
Eifersucht	Partnerschaft durch Eifersucht gefährdet
Etwas Geld	Partnerschaft mit stabiler finanzieller Basis. Ehe bringt Wohlstand
Falschheit	Unglückliche Ehe/Partnerschaft
Feind	Unehrlichkeit in der eigenen Familie
Fröhlichkeit	Hochzeitsfeier, glückliche Beziehung/Ehe
Gedanken	Gedanken um die Beziehung. Hochzeit planen
Geistlicher	Karmische Beziehung/Ehe. Ideales Paar. Hochzeit in der Kirche
Geld	Reichtum durch Ehe. Finanziell abgesichert. Lukrativer Vertrag
Geliebte/Geliebter	Gebundener Partner (m/w) oder selbst noch in einer Beziehung
Geschenk	Hochzeitsgeschenk. Beziehung ist wie ein Geschenk
Glück	Glückliche Beziehung/Ehe
Haus	Bindung mit gemeinsamem Wohnen. Hausbesitz
Hoffnung	Beziehung/Ehe in Aussicht
Kind	Neue Beziehung. Beziehung/Ehe mit Nachwuchs. Kindersegen
Krankheit	Beziehungsprobleme, beziehungsunfähig, chronische Krankheit
Liebe	Liebesbeziehung. Hochzeit
Offizier	Standesamt. Beziehung mit einem anderen Mann
Reise	Hochzeitsreise. Veränderung in einer Beziehung. Geschäftsreise
Richter	Entscheidung bezüglich der Beziehung. Auch Scheidung
Sehnsucht	Wunsch nach Partnerschaft bzw. Heirat
Tod	Ende der Beziehung durch Tod oder Scheidung
Traurigkeit	Unglückliche Beziehung/Ehe
Treue	Treue Partnerschaft/Ehe
Unglück	Unglückliche Partnerschaft
Unverhoffte Freude	Unerwartete Beziehung/Ehe
Verdruss	Beziehung bringt nur Ärger
Verlust	Trennung einer Beziehung. Position ist nicht mehr sicher
Witwe/Witwer	Beziehung mit einer verwitweten Person (m/w)

Hoffnung

Aussicht, Verbesserung, Ängste, Sehnsucht

Liebe
In schwierigen Situationen positive Wendung. Bei Singles Liebesbekanntschaften, in einer bestehenden Partnerschaft frischer Wind.

Beruf
Positive Veränderungen. Umbruch? Auf jeden Fall gute Zukunft.

Geld
Finanzieller Aufstieg. Stabilität und Sicherheit.

In Kombination mit

Beständigkeit	Positive Veränderung bezüglich der beruflichen Situation, neue Arbeit
Besuch	Lang ersehnter Besuch. Freudiges Wiedersehen
Botschaft	Hoffnungsvolle Nachricht
Brief	Alle Hoffnungen beziehen sich auf eine Nachricht. Gute Nachrichten
Dieb	Hoffen, etwas nicht zu verlieren. Hoffen, dass etwas bestehen bleibt
Eifersucht	Unbegründete Eifersucht bestimmt im Moment das Leben
Etwas Geld	Hoffnung auf beständige Geldeinnahme. Geld in Aussicht
Falschheit	Sich falsche Hoffnungen machen, unrealistisch
Feind	Feinde versuchen zu schaden. Vorsicht!
Fröhlichkeit	Bald kommen bessere Zeiten
Gedanken	Große Hoffnungen bezüglich einer Angelegenheit durch pos. Denken
Geistlicher	Hoffnung auf Hilfe aus der Geistigen Welt, beten
Geld	Geld in Aussicht. Gewinn möglich. Wunsch nach materiellen Besitz
Geliebte/Geliebter	Auf sich selbst vertrauen oder dem Partner. Der richtige Partner kommt
Geschenk	Etwas schenkt Hoffnung
Glück	Geduld haben, es wird alles gut
Haus	Bald eine Wohnung/Haus erwerben. Wunsch nach eigener Wohnung
Heirat	Beziehung/Ehe in Aussicht. Wunsch auf feste Partnerschaft
Kind	Schwangerschaft
Krankheit	Genesung. Besserung eines Krankheitszustandes
Liebe	Liebe in Aussicht. Verliebtheit. Die große Liebe finden
Offizier	Positiver Bescheid einer Behörde. Zustimmung auf einen Antrag
Reise	Erholung notwendig. Urlaub sollte geplant werden. Auswanderung
Richter	Guter Prozessausgang. Positive Entscheidung
Sehnsucht	Wünsche in die Tat umsetzen, nicht nur träumen und hoffen
Tod	Falsche Hoffnungen, die nichts bringen. Um Beziehung kämpfen
Traurigkeit	Hoffnungslosigkeit. Kummer
Treue	Hoffnung erfüllt sich. Positive Zeit kündigt sich an. Feste Freundschaft
Unglück	Hoffnung in unglücklicher Situation. Sache geht besser aus als gedacht
Unverhoffte Freude	Plötzliche Wunscherfüllung
Verdruss	Eine Hoffnung hat sich nicht erfüllt. Frustration
Verlust	Hoffnungslosigkeit. Situation aussichtslos, verschlimmert sich noch
Witwe/Witwer	Den Weg alleine gehen, erfordert Stärke, bringt neue Lebenswege

Kind  Neubeginn, Unreife. Kind, naiv

Liebe
Neue Liebe.

Beruf
Neuer Arbeitsplatz. Neue Position. Aufstieg. Auch Hausfrau (sich um Kinder kümmern).

Geld
Kindergeld, nicht leichtsinnig Geld ausgeben

In Kombination mit

Beständigkeit	Beruflicher Neubeginn. Pädagogischer Beruf
Besuch	Neubeginn durch einen Besuch/Treffen. Kinderbesuch
Botschaft	Nachricht bringt Neubeginn mit sich. Von den Kindern hören
Brief	Nachricht bringt Neubeginn. Geburtsanzeige
Dieb	Nachricht kostet viel Energie, etwas opfern. Kindesentführung
Eifersucht	Neubeginn durch Eifersucht gestört. Kinder brauchen Zuwendung
Etwas Geld	Kindergeld. Neue Einnahmequelle
Falschheit	Loslassen. Schwieriges Kind
Feind	Feindschaft unter Kindern. Kinder wenden sich ab
Fröhlichkeit	Neubeginn bringt große Freude. Freude über bzw. mit Kindern
Gedanken	Kinderwunsch. Gedanken über einen Neubeginn
Geistlicher	Einweihung in die Geistige Welt (ungereifte mediale Gabe). Offen
Geld	Kinderreichtum. Neues Projekt bringt finanziellen Aufschwung
Geliebte/Geliebter	Partner ist jünger oder umgekehrt. Kind vom Partner
Geschenk	Neubeginn bzw. Kinder sind wie ein Geschenk des Himmels
Glück	Glückliche Kinder. Schöner Neuanfang. Kinder machen glücklich
Haus	Haushalt mit Kindern. Neues Haus. Neue Wohnung
Heirat	Neue Beziehung mit Nachwuchs
Hoffnung	Schwangerschaftswunsch
Krankheit	Kinderkrankheit. Krankes Kind. Neue Krankheit
Liebe	+ Geschenk = Schwanger. Neue Liebe. Große Liebe zu den Kindern
Offizier	Jugendamt. Mann mit Kind. Jüngerer Mann (nicht HM). Schulprobleme
Reise	Kinderferien. Reise zu den Kindern, Reise mit den Kindern
Richter	Entscheidung in Zusammenhang mit Kindern. Probleme mit Gericht
Sehnsucht	Kinderwunsch
Tod	Lebensveränderung durch Kinder. Schwangerschaft. Kinder gehen aus dem Haus
Traurigkeit	Traurige Kinder. Traurig über etwas Neues
Treue	Kinder bleiben treu. Neue Freunde. Stabile Beziehung zu den Kindern
Unglück	Etwas Neues bringt Unglück. Auf die Kinder achten. Kinder in Gefahr
Unverhoffte Freude	Unverhoffte Schwangerschaft
Verdruss	Ärger mit den Kindern. Etwas Neues bringt Ärger
Verlust	Fehlgeburt. Kinder wenden sich ab
Witwe/Witwer	Alleinerziehendes Elternteil. Geschieden. Person (m/w) mit Kindern

Krankheit

Krankheit, Blockade, Sorgen, Schmerz, Mangel, stur

Liebe
Einsamkeit in der Beziehung. Lernen sich selbst zu helfen, den Weg alleine gehen.

Beruf
Schwierige Situation. Nicht auf andere verlassen.

Geld
Finanzielle Sorgen machen krank. Geld zusammen halten. Keine Besserung in Sicht.

In Kombination mit

Beständigkeit	Mobbing. Arzt. Arbeit im Gesundheitswesen
Besuch	Krankenbesuch
Botschaft	Informationen über die Gesundheit. Befundbericht
Brief	Gespräch mit einem Arzt. Befund
Dieb	Lebensgewohnheiten machen krank. Änderung notwendig
Eifersucht	Krankhafte Eifersucht
Etwas Geld	Kleinere finanzielle Sorgen
Falschheit	Psychisch bedingte Erkrankung. Krankheitseinbildung
Feind	Erkrankung durch negative Einflüsse. Gefährliche Krankheit
Fröhlichkeit	Krankheit nach einer Feier (Kater). Erfreulicher Untersuchungsbefund
Gedanken	Depression. Sich zu viele Gedanken machen über Krankheiten
Geistlicher	Spirituelles Wachstum durch Leid. Wahnsinn
Geld	Geldprobleme
Geliebte/Geliebter	Partner ist krank oder umgekehrt
Geschenk	Notwendige Krankheit für die Entwicklung (geistiger Fortschritt)
Glück	Gute Gesundheit. Guter Krankheitsverlauf
Haus	Krankenhaus. Schlechte häusliche Wohnsituation
Heirat	Beziehungsprobleme, bindungsunfähig
Hoffnung	Genesung. Besserung eines Krankheitszustandes
Kind	Kinderkrankheit. Krankes Kind. Neues Krankheitsbild
Liebe	Sexuelle Probleme. Liebeskummer. Egoistische Liebe. Unerfüllte Liebe
Offizier	Krankenversicherung. Gesundheitsamt. Mann im Gesundheitswesen
Reise	Kur. Reise, die der Gesundheit gut tut
Richter	Entscheidung, die nicht leicht fällt. Gerichtsurteil negativ
Sehnsucht	Psychische Erkrankung
Tod	Schwere Erkrankung. Lebensumstellung erforderlich. Meditation hilft
Traurigkeit	Depression. Sucht
Treue	Chronische Erkrankung
Unglück	Gefahr. Verletzung durch einen Unfall, Katastrophe
Unverhoffte Freude	Plötzlicher Genesungsschub
Verdruss	Ärger macht krank
Verlust	Genesung. Heilung. Besserung eines Krankheitszustandes
Witwe/Witwer	Ältere kranke Person (m/w)

Liebe

Liebe, Gefühle, Aufmerksamkeit, herzlich

Liebe
Neue Liebe. Dauerhafte Liebe. Gefühlsaustausch. Genießen!

Beruf
Beruflich gemocht, geschätzt, bewundert.

Geld
Liebe zum Geld. Vorsicht vor Geldausgaben

In Kombination mit

Beständigkeit	Dauerhafte Liebe
Besuch	Sexualität. Liebesbesuch
Botschaft	Erfahren, dass jemand Liebesgefühle hat
Brief	Liebesbrief
Dieb	Gefühle kosten viel Kraft. Andere Person will Liebespartner nehmen
Eifersucht	Eifersuchtsgefühle. Besitzergreifend
Etwas Geld	Liebe zum Geld
Falschheit	Unehrliche Gefühle. Ausnutzung
Feind	Aus Liebe entsteht Hass
Fröhlichkeit	Verliebtheit. Sich verlieben
Gedanken	Kinderwunsch. Gedanken um einen Neubeginn
Geistlicher	Karmische Liebe. Liebe zum Göttlichen
Geld	Luxusleben
Geliebte/Geliebter	Den Partner lieben oder umgekehrt. Große Liebe
Geschenk	Die Liebe wird empfunden wie ein Geschenk
Glück	Glückliche Beziehung/Ehe
Haus	Schöner Wohnbereich, harmonisch
Heirat	Liebesbeziehung. Liebes-Ehe. Glückliche Ehe
Hoffnung	Verliebtheit. Liebe in Aussicht
Kind	Neue Liebe. Große innige Beziehung/Liebe zu den Kindern
Krankheit	Sexuelle Probleme. Liebeskummer. Egoistisch in der Liebe
Offizier	Liebhaber. Liebe zu einem anderen Mann (nicht Herzensmann)
Reise	Eine wunderschöne Reise, an die man sich gerne zurück erinnert. Jemand kennen lernen
Richter	Entscheidung in der Liebe. Trennung/Familiengründung
Sehnsucht	Sehnsucht nach Liebe und Zärtlichkeiten
Tod	Lebensveränderung. Ende einer Liebe. Eingeschlafene Liebe
Traurigkeit	Liebeskummer. Tränen der Liebe wegen
Treue	Liebe bleibt erhalten. Feste Liebe
Unglück	Unglückliche Liebe. Getrennte Wege wären die Lösung
Unverhoffte Freude	Liebe auf den ersten Blick
Verdruss	Streit und Ärger durch verletzte Gefühle
Verlust	Keine Gefühle. Die Liebe verlieren
Witwe/Witwer	Liebevolle ältere Person (m/w)

Offizier

Amt, Behörde, Ordnung, Macht, Dominanz, Stärke, Öffentlichkeitsmensch

Liebe
Einen neuen Mann kennen lernen, der das Leben nachhaltig beeinflussen wird.

Beruf
Person in Uniform. Beruf mit Uniform. Kontakt mit Uniformierten.

Geld
Gelder von Behörden, nicht nur Geldeingang, sondern auch Zahlungen an Behörden.

In Kombination mit

Beständigkeit	Finanzamt. Lohnsteuerkarte. Beruflich mit einem Amt zu tun
Besuch	Behördengang
Botschaft	Nachricht von einer Behörde, einem Amt oder einer Verwaltung
Brief	Nachricht von einer Behörde, einem Amt oder einer Verwaltung
Dieb	Gerechtigkeit. Verlust wird wieder ausgeglichen
Eifersucht	Mann, der mit Neid und Eifersucht zur Frau schaut
Etwas Geld	Geld von einer Behörde oder einem Amt
Falschheit	Vorsicht Betrüger
Feind	Negative männliche Person. Jemand gönnt den Job nicht
Fröhlichkeit	Ein Mann bringt mehr Freude ins Leben
Gedanken	Gedanken an Mann/Liebhaber. Gedanken an Behördenangelegenheit
Geistlicher	Priester. Ein Mann der Kirche. Spiritueller Begleiter
Geld	Geld von einer Behörde erhalten
Geliebte/Geliebter	Geliebter. Beim Mann ein guter Freund
Geschenk	Geschenk von einem Verehrer. Beförderung
Glück	Positiver Ausgang in einer Amtsangelegenheit. Glück haben
Haus	Wohnungsamt. Sozialwohnung
Heirat	Standesamt. Beziehung mit einem Mann
Hoffnung	Positiver Bescheid einer Behörde. Auswanderungsbehörde
Kind	Jugendamt. Mann mit Kindern. Jüngerer Mann (nicht Herzensmann)
Krankheit	Krankenversicherung. Gesundheitsamt. Mann im Gesundheitswesen
Liebe	Liebhaber. Liebe zu einem anderen Mann (nicht Herzensmann)
Reise	Amt für Ausländer. Mann unterwegs. Veränderungsphase. Dienstreise
Richter	Beamter. Staatsmann. Politiker. Mann, der Entscheidungen treffen muss
Sehnsucht	Sehnsucht nach einem anderen Mann. Liebhaber. Neue Liebe
Tod	Ein Mann befindet sich in einer Lebensveränderung. Kündigung
Traurigkeit	Ein Mann trauert
Treue	Bei einem Amt einen Freund haben
Unglück	Unglücklicher Mann. Verkehrsunfall
Unverhoffte Freude	Plötzliches von einer Behörde (von männlicher Person) Glück haben
Verdruss	Ärger mit einer männlichen Person. Ärger mit Behörde
Verlust	Absage von einer Behörde. Einen Mann aus dem Umfeld verlieren
Witwe/Witwer	Einflussreiche Person (m/w)

Reise

Veränderung, Reise, Bewegung, nicht zur Ruhe kommen, viel erleben, Umwege

Liebe
Veränderungen im emotionalen Bereich. Liebesreise.

Beruf
Veränderungen im beruflichen Bereich. Geschäftsreise.

Geld
Geld durch eine Veränderung oder durch eine Reise. Je nachdem finanziell bergauf/bergab.

In Kombination mit

Beständigkeit	Reise mit beruflichem Hintergrund. Geschäftsreise
Besuch	Gäste reisen an
Botschaft	Fahrkarte. Monatskarte. Fahrschein jeglicher Art. Reiseunterlagen
Brief	Urlaubskarte. Nachricht aus dem Ausland. Reiseeinladung
Dieb	Auf Wertsachen bei der Reise achten
Eifersucht	Reise möglichst absagen. Schlechte Gesellschaft
Etwas Geld	Veränderung in finanziellen Dingen. Reisegeld. Gute Reisemöglichkeit
Falschheit	Besser jetzt nicht verreisen. Reisebüro wechseln
Feind	Negative Veränderung. Negative Person verschwindet
Fröhlichkeit	Schöne Reise. Positive Veränderung. Ausflug
Gedanken	Reiseplanung mit positiver Veränderung
Geistlicher	Astralreisen
Geld	Luxusreise. Veränderung in finanziellen Dingen
Geliebte/Geliebter	Partner verreist oder umgekehrt
Geschenk	Erholsame Reise. Reisegutschein. Geschenkte Reise
Glück	Schöne Reise. Positive Veränderung
Haus	Räumliche Veränderung (Umzug/Renovierung)
Heirat	Hochzeitsreise. Positive Veränderung in einer Beziehung. Ferienhaus
Hoffnung	Urlaubsreise zur Erholung dringend notwendig. Auswanderung
Kind	Kinderferien. Reise zu den Kindern. Reise mit Kindern. Kind geht fort
Krankheit	Kur. Reise, die der Gesundheit gut tut
Liebe	Eine schöne Reise, an die man sich gerne zurückerinnert mit Partner
Offizier	Amt für Ausländer. Mann, der viel unterwegs ist. Veränderungsphase
Richter	Entscheidende Veränderung
Sehnsucht	Sehnsucht nach Veränderung im Leben. Urlaubswunsch
Tod	Reise, die Lebensveränderung mit sich bringt. Reise ohne Wiederkehr
Traurigkeit	Reise/Veränderung aus traurigem Anlass. Beerdigung
Treue	Reise/Veränderung im Freundeskreis. Urlaubswunsch wird wahr
Unglück	Ungünstige Veränderung. Reise macht unglücklich. Autounfall
Unverhoffte Freude	Unerwartete Veränderung. Unerwartete Reise
Verdruss	Ärgerliche Veränderung. Ärgerlichkeiten auf einer Reise
Verlust	Veränderungen mit Verlust verbunden. Reise sollte verschoben werden
Witwe/Witwer	Ältere Person (m/w) verreist oder steht vor einer Veränderung

Richter

Entscheidung, Gericht, Staat, Gerechtigkeit, etwas verurteilen, gerechter Mann, zuverlässig, ruhig

Liebe
Entscheidungen in der Liebe bezüglich der Partnerschaft.

Beruf
Berufliche Entscheidungen. Jobwechsel? Beförderung? Entscheidung ist überfällig.

Geld
Finanzielle Entscheidungen. Größere Anschaffung. Genau kalkulieren vor Entscheidung.

In Kombination mit

Beständigkeit	Berufliche Entscheidungen werden notwendig. Arbeitsgericht
Besuch	Gerichtsbesuch zur Entscheidung
Botschaft	Gerichtsdokumente. Gerichtsunterlagen. Vorladung
Brief	Positives Urteil. Juristisches Dokument
Dieb	Dieb wird bestraft. Entscheidung kostet viel Energie
Eifersucht	Prozess/Entscheidung auf unehrlicher Ebene
Etwas Geld	Prozess, bei dem es ums Geld geht. Protokoll
Falschheit	Unehrlichkeit in einem Rechtsstreit. Falschaussage. Justizirrtum
Feind	Entscheidung, die ungünstig ausfällt. Fehlurteil. Ungerechtigkeit
Fröhlichkeit	Rechtsstreit mit positivem Ausgang
Gedanken	Gedanken, um eine Entscheidung, wie es weiter gehen wird
Geistlicher	Gerechtigkeit
Geld	Finanzamt. Geld durch einen Prozess
Geliebte/Geliebter	Entscheidung bezüglich Beziehung
Geschenk	Prozess mit positivem Verlauf
Glück	Positive Entscheidung. Prozess gewinnen
Haus	Entscheidungen, die das eigene Heim betreffen, auch Nachbarn
Heirat	Scheidung. Entscheidung bezüglich der Beziehung. Trauung
Hoffnung	Guter Prozessausgang. Positive Entscheidung
Kind	Entscheidungen bezüglich Kinder. Sorgerecht. Adoption. Jugendamt
Krankheit	Entscheidung, die nicht leicht fällt, Unbehagen auslöst
Liebe	Entscheidung in Liebesangelegenheiten (Trennung/Familiengründung)
Offizier	Beamter. Staatsmann. Politiker. Mann, der Entscheidungen treffen muss
Reise	Entscheidende Veränderung
Sehnsucht	Entscheidung dauert noch. Sich nach Gerechtigkeit sehnen
Tod	Entscheidende Lebensveränderung
Traurigkeit	Traurige Entscheidung
Treue	Entscheidung im Freundeskreis. Guter Charakter
Unglück	Schlechte Entscheidung
Unverhoffte Freude	Positive Entscheidung
Verdruss	Entscheidung bezüglich juristischer Angelegenheiten
Verlust	Prozess verlieren
Witwe/Witwer	Ältere Person (m/w) trifft wichtige Entscheidung

Sehnsucht

Wunsch, Erwartung, Orientierung, Einsamkeit

Liebe
Sehnsucht nach Liebe, Geborgenheit, Zweisamkeit.

Beruf
Sehnsucht nach Entwicklungen. Man möchte vorankommen. Geduld haben.

Geld
Sehnsucht nach finanzieller Sicherheit, im Moment nicht in Sicht. Für Selbständige Durststrecke. Vorsicht vor Anschaffungen!

In Kombination mit

Beständigkeit	Sehnsucht nach einer Basis im Leben. Lebensaufgabe suchen
Besuch	Sehnsucht nach Kontakt mit Menschen. Einsamkeit
Botschaft	Sehnsucht nach Bildung. Geistige Weiterentwicklung
Brief	Auf eine Nachricht warten
Dieb	Sehnsucht aufgrund eines Verlustes
Eifersucht	Sehnsucht verursacht eifersüchtige Gedanken
Etwas Geld	Wunsch nach stabilen, finanziellen Verhältnissen
Falschheit	Sehnsucht, die nicht erfüllt wird
Feind	Gefährliche Sehnsucht
Fröhlichkeit	Sehnsucht nach Anteilnahme am gesellschaftlichen Leben
Gedanken	Streben nach Erfüllung
Geistlicher	Wunsch nach Erklärung aus Geistiger Welt. Wunsch nach spiritueller Weiterentwicklung
Geld	Geldwunsch. Wunsch nach materieller Sicherheit
Geliebte/Geliebter	Sehnsucht nach dem Partner oder umgekehrt
Geschenk	Einen großen Wunsch haben (Lebenswunsch)
Glück	Sehnsucht nach mehr Glück im Leben
Haus	Wunsch nach Eigenheim. Heimweh
Heirat	Wunsch nach Partnerschaft. Feste Beziehung. Heirat
Hoffnung	Wünsche in die Tat umsetzen, nicht nur träumen und hoffen
Kind	Kinderwunsch
Krankheit	Psychische Erkrankung
Liebe	Sehnsucht nach Liebe und Zärtlichkeiten
Offizier	Sehnsucht nach einen anderen Mann (Liebhaber, neue Liebe)
Reise	Sehnsucht nach Veränderungen im Leben. Fernweh
Richter	Entscheidung dauert noch. Wunsch nach Gerechtigkeit
Tod	Lebensmüde. Depression
Traurigkeit	Das Lebensziel aus dem Auge verloren
Treue	Sehnsucht nach Sicherheit im Leben
Unglück	Unerfüllte Sehnsucht
Unverhoffte Freude	Sehnsucht nach positiven Überraschungen im Leben
Verdruss	Erwartete Situation tritt nicht ein. Verärgerung deshalb
Verlust	Suizidgefahr
Witwe/Witwer	Ältere Person (m/w) hat Wünsche/Sehnsüchte

Tod

Lebensveränderung, Loslassen, Abschluss, Transformation, depressiv

Liebe
Altes loslassen, Neues wird beginnen. Neue Zukunft.

Beruf
Veränderungen beruflich, komplett neues Beschäftigungsumfeld., Altes loslassen

Geld
Nicht nur ans Geld denken, sondern lernen zu leben. Geld ist nicht unser Lebensinhalt.

In Kombination mit

Beständigkeit	Lebensveränderung im Beruf. Rente
Besuch	Unangenehmer Besuch (Gefahr)
Botschaft	Todesnachricht. Nachricht über eine Veränderung
Brief	Nachricht verändert eine Situation. Todesnachricht
Dieb	Depression. Schwere Krise mit Energieverlust
Eifersucht	Eifersucht löst ungewollte Veränderung aus
Etwas Geld	Kleine Erbschaft
Falschheit	Suizidgefahr. Androhung von Suizid
Feind	Feindschaft für immer (Karma)
Fröhlichkeit	Positive Lebensveränderung
Gedanken	Todesangst
Geistlicher	Karmisch vorbestimmte Lebensveränderung. Todesfall
Geld	Beerdigungskosten. Sterbegeld. Kosten für die Trauerfeier. Erbschaft
Geliebte/Geliebter	Partner steht vor Lebensveränderung oder umgekehrt
Geschenk	Plötzlich positive Lebensveränderung. Beziehung ist zu Ende
Glück	Glücksphase ist beendet
Haus	Todesfall. Umzug
Heirat	Beziehung mit Lebensveränderung. Scheidung. Tod
Hoffnung	Einer Illusion nachhängen, falsche Hoffnungen, die nichts bringen
Kind	Lebensveränderung durch die Kinder. Schwangerschaft. Kinder gehen aus dem Haus
Krankheit	Schwere Erkrankung. Lebensumstellung erforderlich
Liebe	Lebensveränderung in der Liebe
Offizier	Ein Mann befindet sich in einer Lebensveränderung
Reise	Reise, die Lebensveränderung mit sich bringt. Reise ohne Wiederkehr
Richter	Entscheidende Lebensveränderung
Sehnsucht	Lebensmüde
Traurigkeit	Trauer
Treue	Freundeskreis verändert sich
Unglück	Ungünstige Lebensveränderung. Katastrophe
Unverhoffte Freude	Plötzliche Lebensveränderung
Verdruss	Lebensveränderung, die Ärger mit sich bringt z. B. durch Todesfall
Verlust	Lebensveränderung, die durch einen Verlust ausgelöst wird
Witwe/Witwer	Ältere Person (m/w), die sich in einer Lebensveränderung befindet. Partner verstorben

Traurigkeit

Trauer, Tränen, Seelenschmerz, Gefühle zulassen und verarbeiten, Kummer

Liebe
Leidvolle tränenreiche Zeiten. Durchhalten ist angesagt. Danach neue Erkenntnisse.

Beruf
Nachdenken über den Job, Besserung in Sicht.

Geld
Leidvolle Zeiten, zu viel ausgegeben, haushalten ist angesagt.

In Kombination mit

Beständigkeit	Arbeit akzeptieren, auch wenn sie nicht glücklich macht
Besuch	Besuch bringt Kummer
Botschaft	Traurige Nachricht
Brief	Mitteilung macht traurig
Dieb	Jemand nimmt Freude
Eifersucht	Eifersucht löst Kummer aus
Etwas Geld	Sorgen wegen finanziellem Engpass
Falschheit	Unbegründete Traurigkeit.
Feind	Feindschaft ist bedrückend
Fröhlichkeit	Stimmungsschwankungen
Gedanken	Kummer. Nachdenken über bestehende Sorgen
Geistlicher	Trauerphase, für die Seele besonders wichtig
Geld	Geld ist vorhanden, macht aber nicht glücklich
Geliebte/Geliebter	Partner ist unglücklich oder umgekehrt
Geschenk	Trauergesteck. Beileidskarte
Glück	Einsames Glück. Sich nicht freuen können
Haus	Rückzug ins Heim mit Trauer und Tränen
Heirat	Unglückliche Beziehung/Ehe
Hoffnung	Hoffnungslosigkeit
Kind	Traurige Kinder. Etwas Neues macht traurig
Krankheit	Depression. Arztbesuch wichtig
Liebe	Liebeskummer
Offizier	Ein Mann, der trauert
Reise	Reise aus traurigem Anlass
Richter	Traurige Entscheidung
Sehnsucht	Lebensziel aus den Augen verloren
Tod	Trauer
Treue	Ein gewöhnlich zuverlässiger Mensch enttäuscht
Unglück	Depression. Trauer. Schwermut
Unverhoffte Freude	Plötzliche Traurigkeit
Verdruss	Ärgerlichkeiten. Enttäuschung während der Trauer
Verlust	Auf Regen folgt Sonnenschein. Verlust der Traurigkeit
Witwe/Witwer	Traurige, einsame Person (m/w)

Treue

Freundschaft (platonisch), Zuverlässigkeit, Beständigkeit, anhänglich, etwas nicht loswerden (positiv/negativ), Vertrauen

Liebe
Eine Liebe, in der Treue die Basis ist.

Beruf
Arbeitsplatz ist sicher. Freundschaft auf der Arbeit.

Geld
Geld auf der hohen Kante verursacht ein gutes Gefühl.

In Kombination mit

Beständigkeit	Zuverlässiger Mitarbeiter
Besuch	Besuch von Freunden
Botschaft	Nachricht von Freunden
Brief	Nachricht von Freunden
Dieb	Negative Person im Freundeskreis
Eifersucht	Eifersüchtige Freunde bzw. eifersüchtig auf Freunde
Etwas Geld	Beständige Einnahmen
Falschheit	Falsche Freundschaft
Feind	Negative Freundschaft
Fröhlichkeit	Frohnatur
Gedanken	Feste Grundsätze
Geistlicher	Lebensberatung. Hilfe durch mediale Experten
Geld	Geld bleibt beständig. Sicheres Einkommen
Geliebte/Geliebter	Partner ist treu oder umgekehrt
Geschenk	Geschenk von Freunden. Gute Freunde haben
Glück	Glück mit Freunden
Haus	Freunde kommen zu Besuch. Bodenständig. Im Haus bleiben
Heirat	Glückliche Partnerschaft/Ehe
Hoffnung	Positive Zeit kündigt sich an
Kind	Neue Freunde. Stabile Beziehung zu den Kindern
Krankheit	Chronische Erkrankung
Liebe	Liebe, die erhalten bleibt
Offizier	Männlicher Freund
Reise	Veränderungen im Freundeskreis. Reise zu Freunden
Richter	Entscheidung im Freundeskreis
Sehnsucht	Sehnsucht nach Sicherheit im Leben
Tod	Freundeskreis verändert sich
Traurigkeit	Ein gewöhnlich zuverlässiger Mensch enttäuscht
Unglück	Schlechte Freundschaft
Unverhoffte Freude	Überraschung von Freunden
Verdruss	Streit und Ärger unter Freunden
Verlust	Freundschaft wird beendet
Witwe/Witwer	Einsame treue Person (m/w)

Unglück

Katastrophe, Unglück, Gefahr, Schwierigkeiten, Warnung, Aufregung

Liebe
Unglückliche Beziehung. Bekanntschaften genauer unter die Lupe nehmen.

Beruf
Schwierige Zeiten. Kampf, Ärger mit dem Chef.

Geld
Unverhoffte Geldausgaben. Mehr Geld geht raus als reinkommt, Einkäufe vermeiden.

In Kombination mit

Beständigkeit	Unfallgefahr. Berufsunfall. Katastrophe
Besuch	Besuch mit Kummer und Tränen
Botschaft	Unschöne Nachrichten erhalten z. B. von einer Katastrophe erfahren
Brief	Unschöne Nachrichten erhalten z. B. von einem Unglück erfahren
Dieb	Plünderung
Eifersucht	Eifersucht, die ausartet. Dramatische Situation kündigt sich an
Etwas Geld	Armut. Finanzielle Not
Falschheit	Schwierige Situation durch Intrigen und Lügen
Feind	Schlimme Situation - negative Menschen. Krieg. Bewaffneter Überfall
Fröhlichkeit	Noch einmal mit einem blauen Auge davon kommen
Gedanken	Traurige Erkenntnis. Lebensangst
Geistlicher	Vorbestimmtes Unglück. Heiliger Krieg
Geld	Geld nach einer Katastrophe z. B. von Versicherung
Geliebte/Geliebter	Partner hat Pech im Leben oder umgekehrt
Geschenk	Geschenk, was nicht gefällt
Glück	Glück im Unglück
Haus	Streit im Wohnbereich. Zerstörung im Haus
Heirat	Unglückliche Partnerschaft. Ehekrise
Hoffnung	Mit Hoffnung über Wasser halten. Hoffnung bringt Besserung
Kind	Neues bringt Unglück. Kind in Gefahr
Krankheit	Gefahr. Verletzung durch Unfall
Liebe	Unglückliche Liebe. Getrennte Wege wären die Lösung
Offizier	Verkehrsunfall
Reise	Ungünstige Veränderung. Reise besser absagen
Richter	Schlechte Entscheidung. Es kommt zu einem Prozess
Sehnsucht	Unerfüllte Sehnsucht
Tod	Ungünstige Lebensveränderung. Todesfall
Traurigkeit	Depression. Trauer. Schwermut
Treue	Unglückliche Freundschaft
Unverhoffte Freude	Unglück wird abgeschwächt
Verdruss	Verletzung durch Aggressivität. Streit. Prügelei
Verlust	Schlechte Zeit wird beendet
Witwe/Witwer	Ältere Person (m/w), die unglücklich ist

Unverhoffte Freude

Überraschung, plötzlich, unerwartet

Liebe
Überraschende Liebe. Liebe auf den 1. Blick. Liebesbeweise, Geschenke.

Beruf
Beförderung, Gehaltserhöhung. Für Selbständige überraschende Aufträge.

Geld
Überraschende Geldeinnahmen.

In Kombination mit

Beständigkeit	Überraschung im Beruf
Besuch	Unverhofft liebevoller Besuch
Botschaft	Unverhoffte Überraschung
Brief	Plötzlicher Brief. Unerwartetes Gespräch. Glücksnachricht
Dieb	Durch plötzlichen Verlust kommt Freude wieder
Eifersucht	Durch plötzlichen Verlust kommt Freude wieder
Etwas Geld	Plötzliches Geld. Geldsegen
Falschheit	Intrigen werden überraschend aufgedeckt
Feind	Negative Menschen werden sich fernhalten
Fröhlichkeit	Glücksfall. Gewinn. Chance
Gedanken	Plötzliche positive Erkenntnis
Geistlicher	Plötzlicher karmischer medialer Fortschritt
Geld	Plötzliche Geldzuwendung
Geliebte/Geliebter	Der passende Partner kommt
Geschenk	Geschenk gefällt, macht glücklich
Glück	Glücksfall plötzlich
Haus	Überraschung
Heirat	Unerwartete Beziehung/Ehe. Heiratsantrag
Hoffnung	Plötzliche Wunscherfüllung
Kind	Schwangerschaft
Krankheit	Unerwarteter Genesungsschub. Besserung von Krankheit
Liebe	Liebe auf den ersten Blick
Offizier	Gutes von einer Behörde oder einer männlichen Person. Beförderung
Reise	Unerwartete Veränderung. Unerwartete Reise. Reisegewinn
Richter	Überraschende Entscheidung. Positives Urteil
Sehnsucht	Sehnsucht nach positiven Überraschungen
Tod	Plötzliche Lebensveränderung
Traurigkeit	Traurigkeit abgeschwächt
Treue	Überraschung von Freunden
Unglück	Plötzliche unglückliche Situation entsteht
Verdruss	Plötzlicher Ärger, Streit mit Versöhnung
Verlust	Verlust abgeschwächt
Witwe/Witwer	Überraschung von einer älteren Person (m/w)

Verdruss

Ärger, Streit, Wut, Konflikt, Unzufriedenheit

Liebe
Ärgerliche Zeiten, Stress, Streit. Für Singles Einsamkeit, Unzufriedenheit.

Beruf
Schwierige Zeiten. Vorsicht vor verbalen Wortgefechten. Streit.

Geld
Streit, Kampf ums Geld, schwierige finanzielle Situation

In Kombination mit

Beständigkeit	Ärger und Streit im Beruf. Anhaltende Unzufriedenheit
Besuch	Unangenehmer Besuch. Streit mit Besuch
Botschaft	Nachricht, die Ärger mit sich bringt
Brief	Brief, der Ärger mit sich bringt
Dieb	Ärger durch Diebstahl
Eifersucht	Ärger wegen eifertüchtigen Verhaltens
Etwas Geld	Geldsorgen
Falschheit	Schwierigkeiten mit negativen Menschen
Feind	Schwierigkeiten durch Feinde
Fröhlichkeit	Ärger auf einer festlichen Veranstaltung
Gedanken	Verzweiflung
Geistlicher	Karmische Fehler abarbeiten, die aus vorherige Leben entstanden sind
Geld	Ärger in finanziellen Angelegenheiten
Geliebte/Geliebter	Ärger mit dem Partner
Geschenk	Ärger wegen eines Geschenkes
Glück	Zeiten ändern sich zum Positiven
Haus	Streit im Wohnbereich
Heirat	Beziehung/Ehe bringt nur Ärger. Ärger in der Familie
Hoffnung	Eine Hoffnung hat sich nicht erfüllt. Frustration
Kind	Ärger mit den Kindern. Etwas Neues bringt Ärger
Krankheit	Krank durch Ärger
Liebe	Streit und Ärger durch verletzte Gefühle
Offizier	Ärger mit einer Behörde
Reise	Ärger auf einer Reise. Ärgerliche Veränderung
Richter	Unerfreuliche Entscheidung
Sehnsucht	Erwartete Situation tritt nicht ein. Verärgerung deshalb
Tod	Lebensveränderung, die Ärger mit sich bringt. Todesfall mit Stress
Traurigkeit	Enttäuschende Trauer
Treue	Streit unter Freunden. Streit dauert an
Unglück	Verletzungen durch Aggressivität. Streit. Prügelei
Unverhoffte Freude	Plötzlich Ärger und Streit
Verlust	Ärger geht vorüber
Witwe/Witwer	Ältere Person (m/w), die verärgert ist

Verlust

Verlust, Abschied, Beendigung, unvorsichtig, größerer Mangel, unsicher

Liebe
Emotionaler Verlust. Loslassen, Verlust annehmen.

Beruf
Verlust des Arbeitsplatzes. Mit Verlusten kämpfen.

Geld
Finanzieller Verlust, größere Ausgaben. Auf Finanzen achten.

In Kombination mit

Beständigkeit	Arbeitsplatzverlust droht. Arbeitslosigkeit. Kündigung möglich
Besuch	Absage des Besuches. Verlust durch den Besuch
Botschaft	Nachricht, dass etwas verloren gegangen ist
Brief	Brief geht verloren bzw. wird nicht abgesendet
Dieb	Etwas wird gestohlen. Endgültiger Verlust
Eifersucht	Keine Eifersucht
Etwas Geld	Finanzieller Verlust. Schlechtes Geschäft
Falschheit	Es ist falsch etwas zu beenden oder loszulassen. Falschmeldung
Feind	Negative Person wird schaden, Verluste verursachen
Fröhlichkeit	Gute Stimmung geht vorüber. Bedrückt sein
Gedanken	Den Überblick verlieren
Geistlicher	Verlust medialer Gabe. Keine Hilfe aus der Geistigen Welt zu erwarten
Geld	Großer Geldverlust. Schlechtes Geschäft
Geliebte/Geliebter	Verlust des Partners
Geschenk	Geschenk weiter verschenken. Geschenk verlieren. Verlust = Gewinn
Glück	Positiver Abschluss
Haus	Kündigung der Wohnung
Heirat	Trennung einer Beziehung
Hoffnung	Hoffnungslosigkeit
Kind	Fehlgeburt. Kinder wenden sich ab, gehen den eigenen Weg
Krankheit	Besserung eines Krankheitszustandes. Heilung
Liebe	Keine Gefühle. Verlorene Gefühle. Verbittert, vom Leben enttäuscht
Offizier	Absage von einer Behörde. Eine männliche Person verlieren
Reise	Reise möglichst verschieben. Reise findet nicht statt
Richter	Entscheidung, die etwas beendet, bringt einen Verlust. Prozess verlieren
Sehnsucht	Suizidgefahr
Tod	Lebensveränderung, die durch einen Verlust ausgelöst wird
Traurigkeit	Auf Regen folgt Sonnenschein. Verlust der Traurigkeit
Treue	Freundschaft wird beendet
Unglück	Unglückliche Zeit wird beendet
Unverhoffte Freude	Plötzlicher Verlust
Verdruss	Ärgerliche Situation geht vorüber
Witwe/Witwer	Ältere Person (m/w) muss mit einem Verlust klarkommen

Witwe/Witwer   Einsamkeit, geschieden, Elternteil, das Alter.

Liebe
Einsamkeit trotz Partnerschaft. Auf sich allein gestellt.

Beruf
Beruflichen Weg alleine gehen, keine Unterstützung.

Geld
Niemanden Geld anvertrauen, kein Makler.

In Kombination mit

Beständigkeit	Einzelgänger im Beruf
Besuch	Ältere Person (m/w) kommt zu Besuch. Bestattung
Botschaft	Nachricht von einer älteren Person (m/w)
Brief	Brief von einer älteren Person (m/w)
Dieb	Ältere Person (m/w), die einen Verlust verarbeiten muss
Eifersucht	Ältere Person (m/w), die neidisch ist
Etwas Geld	Ältere Person (m/w) ist finanziell abgesichert. Witwenrente
Falschheit	Ältere Person (m/w) ist unehrlich
Feind	Negative ältere Person (m/w), besser fernhalten
Fröhlichkeit	Ältere harmonische Person (m/w)
Gedanken	Ältere nachdenkliche Person (m/w). Sich sorgen um eine Person
Geistlicher	Ältere gläubige Person (m/w), harmoniebedürftig
Geld	Reiche ältere Person (m/w)
Geliebte/Geliebter	Alleinerziehendes Elternteil. Partner fühlt sich nicht beachtet
Geschenk	Geschenk von einer älteren Person (m/w)
Glück	Glücklich sein allein zu leben
Haus	Haus geerbt
Heirat	Beziehung mit einem verwitweten Menschen. Geschieden
Hoffnung	Den Weg allein gehen, bringt neue Hoffnung, neuen Lebensweg
Kind	Alleinerziehendes Elternteil. Geschieden.
Krankheit	Ältere kranke Person (m/w)
Liebe	Liebevolle ältere Person (m/w)
Offizier	Einflussreiche, ältere Person (m/w)
Reise	Ältere Person (m/w) verreist oder steht vor einer Veränderung
Richter	Ältere Person (m/w) trifft wichtige Entscheidung. Scheidung
Sehnsucht	Ältere Person (m/w) hat Wünsche und Sehnsüchte
Tod	Ältere Person (m/w), die sich in einer Lebensveränderung befindet
Traurigkeit	Traurige einsame Person (m/w)
Treue	Langjähriger Freund
Unglück	Ältere Person (m/w), die unglücklich ist
Unverhoffte Freude	Überraschung von einer älteren Person (m/w)
Verdruss	Ältere Person (m/w), die verärgert ist
Verlust	Ältere Person (m/w) muss mit einem Verlust klarkommen
Witwe/Witwer	Älteres Paar

© 2010 by Barbara Bittner

Personenerkennung bei den Zigeunerkarten

Dieb	Negative Person
Falschheit	Unbekannte Person
Feind	Negative Person
Gedanken	Jüngerer Mann
Geistlicher	Spirituelle Person - Lebensberater
Geliebte/r	Hauptpersonenkarten
Hoffnung	Positive Frau
Kind	Kind – Jugendlicher – unreifer Mensch
Offizier	Mann (nicht Herzensmann) - offizielle Person - Person mit Einfluss - Chef
Richter	Anwalt – Richter – Gerichtsperson – Schiedsrichter Staatsmann
Traurigkeit	Traurig Frau mit viel Leid
Witwe	Einsame ältere Frau – Mutter - Oma
Witwer	Einsamer älterer Mann – Vater – Opa

© 2010 by Barbara Bittner

Karten für Gefühle und Stimmungen
- Eifersucht
- Falschheit
- Hoffnung
- Liebe
- Sehnsucht
- Traurigkeit
- Unverhoffte Freude
- Unglück
- Verdruss
- Verlust

Spirituelle Karten
- Beständigkeit
- Gedanken
- Geistlicher
- Kind
- Tod

Ereignisse
- Besuch
- Botschaft
- Brief
- Geschenk
- Krankheit
- Reise
- Tod
- Unglück
- Verdruss
- Verlust

Arbeit
- Beständigkeit
- Etwas Geld
- Geld

Besitz
- Geschenk
- Haus
- Etwas Geld
- Geld

Zeitkarten
- Beständigkeit   1 - 2 Jahre
- Eifersucht   Blockade
- Etwas Geld   kleine Schritte
- Feind   Blockade
- Gedanken   1 – 4 Wochen
- Geistlicher   unvorhersehbar, Zeitpunkt wird von Geistiger Welt bestimmt
- Geld   4 Wochen
- Geschenk   2 Wochen
- Glück   in Kürze, 1- 4 Tage
- Haus   Geduld, 1 – 4 Monate
- Kind   24 Stunden
- Sehnsucht   ca. 6 Monate
- Unverhoffte Freude   plötzlich, überraschend
- Tod   Ewigkeit, Jahre
- Traurigkeit   Rückzug, Blockade
- Verlust   Ende, kein Zurück

Impressum: Barbara Bittner
               Battenheimer Weg 29 a
               12349 Berlin

Telefon   030 7434124

               © Copyright 2010 by Barbara Bittner

Email   bbittner@gmx.net

*Abbildung der Zigeunerkartenbilder
mit freundlicher Genehmigung der Firma Piatnik*

Madame Barbara

ISBN-NUMMER   978-3-00-032673-8

2. Auflage - 2010 – Originalausgabe

19,95 €

© 2010 by Barbara Bittner

www.ingramcontent.com/pod-product-compliance
Lightning Source LLC
Chambersburg PA
CBHW042009150426
43195CB00002B/72